# 普通だったあの人が

# 年収300万円

# から

# 年収1億円

# になった方法

森 貞仁
経営コンサルタント

フォレスト出版

# はじめに

## 年収300万円と年収1億円で、根本的に何が違うのか？

みなさんは、年収1億円の人に会ったことがありますか？

「まだ、会ったことがない」「テレビで観たことはあるけど、深く話したことはない」と言う方が多いかもしれません。

ここで、年収1億円の人たちのライフスタイルを少しだけ紹介してみたいと思います。もちろん、全員が同じライフスタイルではありませんが、全体の傾向として、捉えてください。

まず、年収1億円の人たちはお金の心配がほとんどありません。

考えてみてください。年収1億円だと日常的に月に1000万円程度のお金が入ってきます。日常的なので、基本的にお金に対して安心感を持っています。当然ながら、事業をやっている人は「資金繰り」という点で多少の不安はあるものの、日常生活の出費に関して、年収300万円の人のように、お金について心配することはあまりありません。

例えば、買い物をするときに値段を気にしなくなります。レストランもいわゆる高級店であろうと、牛丼チェーンに行く感覚で入ります。高いからという理由だけで、気に入らない安いものを選ぶことはほとんどありません。

さらに、年収1億円の人は、自分の仕事を楽しんでやっています。人生で一番多くの時間を使うのが仕事と言われますが、遊びと仕事の境界線があまりないのです。

中国の思想家・老子が「仕事か遊びかはまわりが決めてくれる。当人にとっては、常に仕事であり、遊びであるのだ」という言葉を残していますが、まさにそんなイメージです。仕事の中に人生があるといった感覚が近いかもしれません。

人間関係で言うと、自然と自分のまわりに年収1億円の人たちが集まってくるので、非常に穏やかな気持ちになります。成功者には、まわりに感謝して生きている人が多いので、人間関係でストレスを感じることがありません。一方、年収300万円の人たちは、人間関係のストレスが大きいと思います。残念ながら、私の経験でもお互いに争ったり、文句を言い合ったりします。

年収1億円以上の人は、仕事もプライベートも一緒にやるので、みんな友人でありビジネスパートナーでもあります。お互いによく知った仲なので、尊重し合いながら、気持ち良く仕事ができるわけです。

## ブラック企業年収300万円時代の状況

申し遅れましたが、私は森貞仁《もりさだまさ》と申します。

私はもともとブラック企業で働くサラリーマンで、年収も300万円でした。現在は自分で創業した会社を経営して6年目に年商20億円を達成し、ありがたいことに自由に使えるお金は年間1億円をゆうに超えています。

ここで、読者のみなさんの参考になると思うので、少し私の自己紹介をさせていただきます。

私は京都の決して裕福ではない家庭に生まれました。それどころか、高校を卒業する直前に父親が自己破産するという環境で育ちました。

父親の自己破産という経験から、貧乏な生活から抜け出すために必死で勉強した結果、大学は現役で立命館大学に入学しました。大学では適度に勉強をして、適度に遊びましたが、いざ就職活動となると、過去の経験からなるべく手堅く収入の高い業界を調べるようになります。その中で金融業界に目をつけ、とあるメガバンクの面接を受けて見事内定をもらいました。

しかし、なんとなくみんながやっているからという理由で始めた就職活動。収入が高くまわりに自慢できるからという理由で選んだメガバンクに意味を感じなくなり、結局メガバンクの内定を辞退します。父親の自己破産や家庭内の不仲を解消したい思いがあり、在学中に心理学を学んでいた経緯から、内定辞退後はカウンセラーになるべく、大学院進学を目指します。

ここまで聞くと、なんだかエリートの話に聞こえますが、このあとからいわゆる〝普通の人生のレール〟からどんどん外れていきます。

一度カウンセラーを目指したのは良いのですが、大学4回生から勉強を始めるものの大学院の倍率は30倍以上。とてもではないですが、すぐに合格するものではありません。1年間大学の在学期間を延ばして勉強に集中する道を選びますが、アルバイトやまわりとの交流に流されて、次第に勉強をしなくなってしまいます。気づけば受験シーズンになっても受験自体をすることなく、大学院の進学をあきらめてしまいます。

そんなときにアルバイト先のパチンコ店で、スロットで生活している方々と出会います。〝自分にもできるかもしれない〟と思い、貯金がなくなったらやめる覚悟でスロットに集中したところ、会社員以上の収益をあげることができました。その結果から自分で稼ぐ力を身につけたいと思い、スロットのプロ、つまりパチプロになってしまったのです。

この頃は、ライバルのプロの技を観察して分析することでスロットの技術を本気で学びました。

「いったん、レールから外れて人生曲がったのだから、とことん曲がり切ってやろう！」

というような思いからとことんスロットの道を極めることに専念していたのです。

「自分で選んだ道だから、一生懸命スロットの修業をしよう」

と1年で280日はスロット店に並び、今思うとおかしな話ですが、誰よりも〝まじめ〟にスロットに取り組んだ結果、月40万円を安定して稼げるスロプロになりました。

しかし、あるとき、ふと気づいたのです。この仕事をしていてお金は稼げても、直接誰からも「ありがとう」を言われないということに……。

そこから急にスロットが嫌になりました。よくよく考えたらまわりにも胸を張って言えない職業であり、50歳のときにスロプロである自分を想像しました。そうしたら、今まで魅力的に感じていたにもかかわらず、急に目が覚めたのです。私は、すぐにきっぱりとやめることにしました。

そこで、27歳のときに、一般的な会社に就職することにしました。面接でも、どうせ後からわかると思い、スロプロの話をしていました。それがかえっておもしろい奴として印象に残ったのか、7社から内定をいただきました。その中から一番安定しているであろう、創業50年の建築系商社を選び入社したのです。

当初安定を求めて就職した会社でしたが、入社後は安定とはかけ離れた現状が待っていました。建築系の商社なので工務店相手の仕事がメインのはずでしたが、私が配属されたのはリフォーム事業を行なう部署で、社内では離れ小島のような場所に配属になってしまいました。

それだけならまだしも、営業の私だけは朝7時に出社して、残業代も出ないのに夜24時まで働く非常にブラックな部署でした。

しかも、残業が月200時間を超えており、1カ月に1日か2日しか休みがありませんでした。相当疲れていたこともあり、間違えて、休日に出社してしまうこともあったぐらいです。ストレス発散のために、会社帰りに1人で夜のバーに繰り出して、お酒を相当飲んだこともあります。

この頃は、心も体もボロボロの状態だったと思います。若かったので、なんとか病気にならずに済んだのでしょう。

## 「年収が33倍になるまでに、何をやったのか？」を大公開

ここで、私に転機が訪れました。友人の紹介で3歳年上の現在の妻に出会ったのです。私は、妻の優しい人柄をすぐに好きになり、いずれは結婚したいと思うようになりました。

そこで、1つの問題が浮上してきました。

結婚することを考えると、結婚式の資金が300万円必要になります。年収280万円では、生活していくのがやっとですから、貯金はなかなかできていません。どう

考えても、年収280万円では生活費を差し引くと、300万円貯めることは不可能でした。ただ、仮に年収500万円の会社に転職しても、300万円が貯まるまでには何年かかるだろうか……と途方に暮れていました。

そこで私は、「彼女と結婚するためには独立するしかない」と考え、独立することに決めました。その後はいろいろな紆余曲折があったのですが、念願の彼女と結婚。自分でもビジネスをスタートし、会社6期目で年商20億円以上の会社を経営するまでになりました。そして、年収も1億円を超えて、今はまわりに感謝しながら幸せな人生を送ることができています。

本書では、私がどうやって年収300万円から年収1億円になれたのかを、これから詳しく解説していきたいと思います。本書で年収を33倍以上にした考え方やノウハウを余すところなく伝えていきたいと思います。

ここで1つだけ言えることは、年収300万円だった私でも数年で年収1億円を超えたので、みなさんにできないはずはないということです。

みなさんが今どんな状況であったとしても、年収1億円になれます。私の経験やメンターの教えから、ゼロからビジネスを始める方法、そしてビジネスを拡大する方法を公開します。

第1章では、近年、大変動が起きているビジネスの変革により、働く、お金を稼ぐという点においても「常識」が変わってきています。その変化と新常識について知っておくべき内容をまとめています。

第2章では、年収300万円の人と年収1億円の人では、お金、仕事、時間に対する考え方が決定的に違います。その違いについて、両方を知っている私だからこそお伝えできることを解説します。

第3章は、実際に私が年収300万円から年収1億円になるまでの道のりを、具体的なエピソードを交えながらお伝えします。

第4章は、年収1億円に向けた第一ステップ「副業」の選び方、やり方について、私の経験はもちろん、今まで私が講座やセミナーの受講生の多くの事例から導き出した答えを披露します。

第5章では、いよいよ「最短で1億円を稼げるロードマップ」を具体的なノウハウを交えながらお伝えしていきます。ここだけ読みたいという方はいるかもしれませんが、第1章から第4章までの内容をしっかり頭に入れてから読むことをオススメします。というのも、同じ文章を読むのでも、前提知識が違うので、内容の吸収力に大きな差が出てくるからです。どうかめんどくさがらず、第1章から順番に読み進めてください。

本書を通じてみなさんの幸せな人生をサポートできることを本当にうれしく思っています。この本を手に取ってくださり、ありがとうございます。心から感謝しています。

普通だったあの人が
年収３００万円から
年収１億円になった方法
目次



# 第1章 新しい時代の新常識

# 第2章 年収300万円の人と1億円の人の決定的な違い

「人間関係」に対する考え方の違い――67

「仕事」に対する考え方の違い――75

# 第3章

# 私が年収300万円から年収1億円になるまで

# 第4章 ゼロイチ——今すぐこの副業を始めなさい

## 第5章 年収を10倍にする方法——チームづくりとマネジメント



装幀◎河南祐介（FANTAGRAPH）
本文デザイン◎二神さやか
編集協力◎岡部昌洋
DTP◎株式会社キャップス

# 第1章

# 新しい時代の新常識

## コロナ禍をきっかけに社会も経済も不安定になっている

２０１９年12月、中国の武漢で発生した新型コロナウイルスで、世界は１８０度変わりました。

数十年後振り返ったときに、あのコロナ禍をきっかけに、生活面、経済面、そして私たちの価値観において大変革を引き起こしたと言えるぐらいのインパクトがありました。

コロナ禍では労働時間の減少や会社の倒産による解雇、別業種への転職などで、コロナ後に給料が減った方もいるでしょう。

また、仕事のやり方も大きく変わりました。例えば、営業マンはリアルで面会する機会が減り、オンライン営業などの新しい働き方が生まれています。今では、出社せずに自宅でリモートワークすることも珍しくありません。

各業界で会社の倒産に伴い、人員削減、事業形態や取引内容などの抜本的見直しを余儀なくされた企業も少なくないのではないでしょうか。

今は各種の補助金や融資などで何とか耐えていますが、売上が増えない限りはキャッシュフローが改善しません。残念ながら、競争力のない企業の多くは倒産の危機にさらされています。いわゆる淘汰が始まっているのです。

さらに追い打ちをかけるように、2022年2月にはロシアによるウクライナ侵攻が始まり、世界情勢が不安定になっています。その影響もあって、エネルギー供給不安や物価高が世界的に進行し、コロナ禍が明けても私たちの日常は不安定な状況が当面続いていくことでしょう。

そのような状況にあるため、大きな不安や恐怖と戦っている方も多いと思います。

「今の仕事はこれからも続けられるのか？」

「今勤めている会社は大丈夫だろうか？」

「老後の生活資金が2000万円足りないと言われているが、自分には貯金できるだろうか？」

「コロナは収まってきたとはいえ、新たなウイルスが発生し、再びパンデミックが起こるかも……」

「給与は一向に上がらないのに、物価だけが上がっていく……」

このように、まったく先が見えないため、精神的に追い込まれて自殺する人も増えています。

## コロナ前の世界には戻らない

私もおいそれと先読みはできませんが、1つ確実に言えることは、「もうコロナ前の世界には戻らない」ということです。まれに、コロナ前の世界に戻ると信じている方もいますが、残念ながらコロナ前の世界はもう終わったのです。

特に仕事やビジネスにおいて、コロナ禍で大きく状況が変わりました。

今の仕事がこれからも続けられる保証はまったくないですし、AIが台頭してきて、リスキニングが求められる時代です。今までどおりのやり方や常識が通用しなくなり、変化が求められています。その時代変化のスピードはますます速くなっています。

今は、まさに時代のターニングポイントです。

今やっている自分の仕事が「10年後も続けられる仕事なのか?」という視点と見極めが本当に大切になってくるでしょう。

まずは、今の自分の現状を正しく認識することが重要です。思わず目をそらしたくなるかもしれませんが、年収1億円になるためには必要なステップです。それでは、次から具体的なデータを一緒に見ていきましょう。

## 元々所得が低い人ほど、所得が減少傾向にあるという現実

コロナ禍で年収が減少したと感じている人は約4割にのぼる――。

この調査は、明治安田生命が2020年3月29日から31日までウェブで実施したもので、全国の20代から70代の既婚男女1620人が回答した調査結果です。

得られた回答は、コロナ禍で年収が「今現在減少した」（17・7％）、「将来減少する」（19・6％）であり、合わせると計37・3％という結果になりました。つまり、約4割の人が「年収が減る」と実感しています。

年収が「減少した」と回答した人の職業の割合を見ると、

1位「自営業・自由業」（32・3％）、2位「パート・アルバイト」（24・5％）。

そして、「将来減少する」と答えた人の割合は、

1位「会社役員・経営者」（29・0％）、2位「会社員」（22・7％）

という結果でした。

この結果から、まずは自営業や個人事業主の人たちの収入が減少した後、遅れて会社経営者や会社員の給料が減少していくということが予想できます。

さらに、三井住友トラスト基礎研究所が行なった調査によると、年収が減少した人の中でも、特に「元々所得が低い人のほうが年収は減少している」という事実がわかりました。

詳しく見ていきましょう。

まず、業界別の賃金への影響を見ると、宿泊・飲食サービス業や運輸・郵便業などの対人業務が多いサービス業を中心に大幅な悪化が見られました。それに対し、金融・保険業や不動産・物品賃貸業といったオフィスワーカーが多い業種では、賃金にもほとんど影響が見られませんでした。この理由は、職種的にリモートの在宅勤務が可能であり、労働時間が減少しなかったためだと考えられます。

次に、業種別の賃金変動率の結果を見ていきます。

元々賃金の低い業種のほうが、より賃金減少率が大きくなるという結果が出ました。つまり、給料の高い人は、コロナ後もそれほど収入が減らなかったのに対し、給料の低い人ほど収入が減ったという実態がわかったのです。ちなみに、一般労働者とパート労働者の両方で同じ傾向が見られました。

このデータから、コロナ禍で収入格差が拡がっていることが浮き彫りになりました。

私は、今後も収入が高い人と収入が低い人の二極化がさらに進んでいくと考えています。

## コロナ禍の1年目だけで就業者48万人減少、失業者29万人増加

コロナ禍以降、失業者が増えています。

2020年の1年間だけでも、就業者が前年より48万人減少し、失業者が29万人増加しました。コロナウイルス感染拡大は、労働環境に大きなショックを与えました（総務省統計局の労働力調査）。

〝コロナ7業種〟と言われている宿泊、生活関連サービス、飲食、娯楽、陸運、小売、医療・福祉の業界では、さらに300万人の潜在失業者がいると言われています（法人企業統計調査をベースに岡三オンライン証券が算出）。

そして、コロナ禍は、個人だけでなく企業にも大きな影響を与えています。帝国データバンクによると、新型コロナウイルス関連倒産は、5515件にまで増加しました（2023年4月4日現在）。

業種別では、飲食店（805件）が最も多く、続いて建設・工事業（693件）、食品卸（278件）、食品小売（232件）という結果になりました。

都道府県別では、「東京」（959件）、「大阪」（584件）、「神奈川」（309件）、「福岡」（295件）の順でした。

やはり、倒産件数が最も多かったのが飲食業界です。

飲食店は、緊急事態宣言で営業できなかったことで苦しい状況に追い込まれました。言うまでもなく、夜8時までの時短営業やアルコール提供の禁止などが売上に大きくダメージを与えています。売上が減っても、店舗の賃料や人件費などの固定費はコロナ前と同じようにかかってしまうので、どんどん赤字になるのは避けられません。コロナ後でも、いまだにコロナ前の客足まで戻っていない状況です。

そして、2位の建設・工事業界も厳しい状況です。

コロナ前に受注していた案件が、延期や中止になり、売上が入ってこなくなったことが主な原因だと考えられます。特に、売上5億円未満での倒産が9割で、従業員10人未満規模の事業所の倒産が8割です。データからも中小・零細企業がダメージを受けていることが明らかです。

3位の食品卸業界は、飲食業界、旅館ホテル業界、航空業界などの売上減少の影響を受けて、受注が大きく減少しました。直接的にコロナ禍に関係がなくても、二次災害的に被害が広がっています。

どの業種にも共通しているのは、売上が激減したことで、固定費が支払えずに倒産したことです。

さらに、人が外出することで初めて売上が立つビジネスだということです。リアルでのサービスだけに頼っている業界は、今後も厳しいと言わざるを得ません。

飲食店の数も、仮にコロナ禍が完全に収まったとしても、コロナ前と同じ水準までには戻らない状況です。なぜなら、コロナ禍になって家飲みの気楽さを感じる人が増えたからです。もちろん、飲食店で飲むことにこだわる人も一定数いるとは思いますが、会社の飲み会は確実に減りました。また、外に出る習慣自体がなくなった人も多く、本来の外食や飲み会の〝ムダ〟に気づいた人は飲食店に足を運ばなくなりました。

　このような大きな時代のライフスタイルの変化をつかめるかどうかで、明暗が分かれていくでしょう。

　自分が働いている業界は、今後も残るのかどうかを本気で考える必要があります。会社員の人たちも、もはや「安定」という言葉は死語になり、ビジネス戦国時代に突入したとも言えるでしょう。

## 新しい常識が始まった——雇用体系の変化、副業の解禁

　コロナウイルスの登場で、人々の働き方も大きく変わりました。

　例えば、テレワークの導入が一気に加速しました。

　今では、在宅勤務で通常業務を行ない、オンライン会議をすることは当たり前になっています。毎日全員が出社する必要がないので、スペースを確保する必要がなくなり、オフィスを縮小したり、首都圏以外や郊外にオフィスを移転させる動きも急速に進んでいます。通勤手当も見直しをされるなど、逆に固定費の減少につながっていま

す。

考えてみると、コロナ前は会社も無駄にリアルにこだわっていました。片道2時間の電車通勤の人でも、1時間のリアル会議のためにわざわざ出社したり、出張先から急いで帰宅することもありました。もはやそんな無駄なことをする必要はなくなりました。

また、Zoomなどによるオンライン営業やプレゼンなども普通に定着しました。コロナ前はPCが苦手な年上の社員は「PCが苦手なので」と逃げる風潮もありましたが、今ではオンラインでの仕事ができなければ許されないどころか、居場所がない雰囲気でしょう。

さらに、会社の雇用体系も変化し、成果主義の導入も進んでいます。

一見すると、在宅勤務だからサボってもわからない気もしてしまいますが、会社からは書類や資料などの成果物を求められます。ある意味、今までよりも業務に対する評価は厳しくなりました。今まで、仕事をやっているふりをしていた人は、仕事をやっていなかったことがバレてしまうでしょう。

例えば、電通は40代以上の社員約2800名を対象に、雇用形態の見直しを行ないました。具体的には、固定給を今までの50〜60%に設定し、プラスアルファで成果報酬が得られる契約に変更したのです。雇用期間は最長10年という契約で、契約延長されなければ、事実上の解雇ということになります。このように大企業でも働き方がシフトしています。

会社員の働き方は大きく変化しています。今後は、会社員でも成果に対する対価で報酬を得る、個人事業主やフリーランス的な働き方が主流になっていくでしょう。

## スキルが収入に直結、自分の身は自分で守る時代

前項では、会社員も個人事業主やフリーランス的な働き方がスタンダードになるとお伝えしましたが、これからの時代は、さらに、「1人の人が複数の仕事を請け負う時代が来る」と考えています。

わかりやすく言うと、優秀な人にどんどん仕事が集まってくるということです。高い技術や特殊なスキルが重宝されるので、優秀な人ほど会社やまわりの評価も上がっていき、収入がアップするでしょう。

サラリーマンがより成果重視の報酬体系になると、今よりも収入が上がる可能性が出てきます。そして、本業にプラスして、副業でも稼げる時代になりました。

しかし、特にまわりの人よりも優れたスキルや技術がない人は、残念ながら厳しくなっていくでしょう。成果報酬を重視する制度なら、今までよりも収入が下がり、最悪の場合はクビになる可能性もあります。

とても厳しい時代だと思うかもしれませんが、従業員の給料は会社の売上から支払っているので、ある意味、当然と言えば当然の話です。会社が赤字なのに給料をもらえている方は、本当に会社に感謝したほうがいい。ただ、赤字が続くようなら、その会社で働き続けるかどうかは見極めたほうがいいと思います。

世の中から必要とされるスキルを自分で身につけないと、本業でも副業でも稼げなくなります。つまり、自分の身は自分で守らないといけない時代になったということです。

## ビジネスパーソンの3大スキル、あなたは身につけているか？

かつての日本は終身雇用制度があったので、会社員が解雇されることもなく、会社が一生面倒を見てくれるという雰囲気がありました。残念ながら、会社で副業が解禁されたということは、「終身雇用制度はやめますよ」というメッセージと同じです。

経営コンサルタントの第一人者・大前研一氏も言っていますが、ビジネスパーソンの3大スキルは、会計、IT、英語と言われています。この3大スキルはどの会社でも起業でも使えるポータブルスキルです。すべてができれば言うことはありませんが、1つは身につけておいたほうがいいでしょう。

私は、この中でも最低限のITスキルはマストだと考えています。

ITを活用しないと、リモートワークすらできなくなります。ITを活用するメリットが大きいというよりも、ＩＴを活用しないことのデメリットがあまりにも大きすぎるのです。オタクレベルになり、プログラミングなどをマスターする必要はありませんが、Zoom や Google の各種ツール、エクセル、ワードの基本的使い方くらいは最低でもマスターしておきたいところです。

特に、若い人でオンラインを活用できなければ、ビジネスマンとしては非常に厳しくなると思います。オンラインを活用しないと、効率が悪くなるからです。あとは、若いだけで会社の上司からはＰＣが得意だと思われるので、ＰＣが使えないだけで評価が下がる可能性があります。逆に、上司にＰＣを教えてあげると、評価も上がるでしょう。

これからの時代は、スキルが高い人は収入が高くなり、普通のスキルしかない人は収入が低くなるでしょう。

つまり、極端に言えば、年収３００万円の人と年収１億円の人に二極化していくと思います。

## 「収入の上げ方」7つのパターン

それでは、このサバイバル時代に収入を上げるためにはどうすればいいのでしょうか？

ここでは、私が考える収入の上げ方を7つ紹介したいと思います。

**①社内昇進**

これは、これまでの時代と同様に、会社で実績を上げ出世することで、給料を上げる方法です。

頼まれた仕事をきちんとこなして、上司の評価を上げる必要があります。さらに、自分の仕事以外のまわりのフォローをすると評価は上がります。ただ、給料が上がるかどうかは、勤めている会社の社長や管理職の考え方に影響されます。

私は、先に書いたようにブラック企業で200時間も残業しましたが、サービス残業で残業代がもらえず、給料も上がりませんでした。

個人的には、会社員で給料を上げるのはとても費用対効果が低いと思っています。いつ上がるかは、正直上司の気分次第で決まりますし、どれだけ頑張っても年収300万円から年収1000万円を超えるのは難しいでしょう。

さらに、会社の業績が悪くなったら、成果を出しても給料が下がるリスクもあります。よほどいい会社で働いているなら別ですが、社内昇進を狙うのは、正直あまりおすすめはできません。

### ②転職

転職して年収を上げたいと考える人も多いと思います。厚生労働省の調査（2015年）によると、転職によって4割の人が収入が上がり、具体的には年収にして1割から3割アップしたそうです。

しかし、考えてみてください。

逆に言うと、6割の人は年収が上がらなかったという結果なのです。運が良ければ、転職によって年収が上がるかもしれませんが、それよりも副業を始めたほうが、現実的だと思います。

## ③資格取得

資格を取って年収を上げようと考える方も多いかもしれません。ただ、今は弁護士の年収も大きく下がっていると聞きます。弁護士や公認会計士という難しい国家資格を持っている人でさえ、結局は営業などのビジネススキルがないと収入は上がらない時代です。ましてや、それほど難しくない資格で収入を上げるのは、さらに難しいでしょう。

あとは、資格試験のための勉強費用や時間がかかるので、費用対効果を見極める必要があると思います。

正直、今から3年かけて資格を取得するなら、副業で3年やったほうが稼げるでしょう。

### ④スキルアップ

仕事のスキルを磨いて収入を上げようとする人もいます。

例えば、エクセルを勉強している人も多いそうです。もちろん、業務効率化には役に立つとは思いますが、会社の給料がアップするかどうかは疑問です。「エクセルのマクロを使いこなせるから昇進できた」という話は聞いたことがありません。

### ⑤副業

収入を上げる方法で、一番現実的であり、将来性もあるのが副業です。

総務省の資料（２０１７年）によると、副業をやりたいという人は年々増加傾向にあります。

資料によると、副業する理由とメリットのランキングは、以下のようになっています。

### 《副業する理由》

第1位　収入を増やしたい。
第2位　1つの仕事だけでは生活できない。
第3位　自分の活躍の場を広げたい。

**《メリット》**

第1位　今の仕事を辞めなくてもできる。
第2位　やりたいことに挑戦できる。
第3位　本業に加えて収入を増やせる。

やはり、収入を増やすために副業を考えている人が多いことがわかります。
一番のメリットは、今の仕事を辞めなくてもできること。私も、副業の一番のメリットは、本業で安定的な収入を確保しながら始められることだと思っています。
私は、会社を辞めてから起業してビジネスを始めましたが、正直言えばリスクはありました。最初は、会社の仕事の合間に副業に取り組み、会社員の収入を超えてきてから本業として取り組む人もいます。

副業では、まずは月10万円を稼ぐことを目標にしましょう。

万が一、副業でうまくいかなくてもリスクはありません。その場合は、他の副業にチャレンジするという選択肢もあるからです。

**⑥起業**

私が一番おすすめしているのが、自分でビジネスを始める起業です。副業で稼ぎ始めたら、独立して本業として取り組む場合も起業に含まれます。やはり一度きりの自分の人生ですので、起業にチャレンジしてほしいと思っています。

起業は、楽しみながら仕事ができることが醍醐味です。実際、私はビジネスパートナーと食事をしているときも、仕事という感覚はありません。遊びが仕事であり、仕事が遊びであり、仕事と遊びが一体になっています。私自身、毎日楽しみながら、年商20億円のビジネスを経営しています。

そして、クライアントにいかに価値提供できるかを追求して、売上に変えていくのがビジネスだと思っています。その醍醐味は、会社員や副業では味わえないものです。

### ⑦投資

最後は、お金でお金を生み出す投資です。投資のメリットは、時間を使わずに収入を生み出せることです。

ただ、怪しい投資話も多いので、その見極めが大切です。「誰も知らないおいしい話」のほとんどの場合が詐欺案件なので、注意が必要です。

スケールメリットの問題もあります。堅実な投資であっても、数十万円の資金では年に数万円が入ってくるだけです。１０００万円以上の資金があれば、ようやく投資のメリットが出てくると思います。そこまでの資金がなければ、自分自身を磨くセミナーや勉強会に参加するなど、自己投資にお金を使ったほうがいいでしょう。

以上、７つの収入の上げ方を簡単に説明しましたが、最終的には自分で判断してください。

ただ、1つだけ確実に言えることは、何らかの手を打たなければ、決して年収1億円になることはありません。それどころか、コロナ禍のようなことがまた起こったら、年収300万円のほうに近づくことになります。

そうなりたくなければ、悲惨な結果になる前に、何か小さくても今からスタートしたほうがいいと思います。

## 年金2000万円問題を信じるな！投資話にも騙されるな。お金は稼ぐべき

巷には、お金にまつわるいろいろなデマが飛び交っています。まず、本当に信用するだけの根拠があるのかを確認し、自分の頭で判断すべきだと思います。

例えば、「年金2000万円問題」も信じてはいけませんが、1つの事例としてとても参考になるので、詳しく説明します。

まず、前提として、2000万円という数字は、次のような設定で計算しています。

◎夫65歳、妻60歳の時点で夫婦共に無職である。
◎30年後（夫95歳、妻90歳）まで夫婦共に健在である。
◎その間の家計収支がずっと毎月5・5万円の赤字（※）である。
※総務省「家計調査」（2017年）における高齢夫婦無職世帯（夫65歳以上、妻60歳以上）の平均。

これをもとに計算すると、以下のように老後30年間で約2000万円の生活資金が不足するというわけです。

月5・5万円　×　12カ月　×　30年　＝　1980万円

紹介した計算根拠を見ると、「自分は90歳まで生きていないだろうし関係ない」と思われる方も多いかもしれません。

しかし、日本人は思ったよりも長寿化しています。１９５０年頃の男性の平均寿命は約60歳でしたが、現在は約81歳まで伸びていますし、現在60歳の人の約４分の１が95歳まで生きるという試算もあるほどです。自分は関係ないと思わず「人生１００年時代」であることを受け止め、老後の生活設計を立てる必要があります。

実は、「年金２０００万円問題」はすでに消滅したという事実をご存じですか？

そもそも「年金２０００万円問題」が話題になったのは、２０１９年６月３日に金融庁の金融審議会で市場ワーキング・グループの報告書が出たときのことです。その報告書が出た時点では、２０１７年のデータしかなかったので、収入と支出の差が毎月５万４５２０円となっています。これが30年間続くと計算すると１９６３万円になるため、「約２０００万円不足する」というロジックだったわけです。

ところが、翌年２０１８年のデータがそのすぐ後に出ましたが、それを見ると不足額は約１５００万円となっています。

さらに、２０１９年になると今度は約１２００万円と年々減少してきて、なんと、２０２０年版では不足額は30年間で55万円にまで減少しています。「年金２０００万円問題」は知らないうちに「55万円問題」になってしまっていたのです。

　国が公表したデータですら、自分で正しい情報を精査しなければなりません。投資などの話になると、さらに敏感に判断しなければなりません。怪しい投資話にはもっと注意してください。

「お金を預けるだけで年利30％」「元金１００％保証」などは、詳しく聞かなくても詐欺だとわかります。

　まず、そもそもそれだけ高い利回りの話があなたに回ってくるはずがありません。そして、投資には必ずリスクがあり、その代償としてリターンを得られるものなので、元金１００％保証などと、リスクゼロをうたっている時点でアウトです。詳しい話を聞いても時間の無駄ですので、一瞬で断ることをおすすめします。

　ですから、やはりビジネスが一番堅実で地に足のついた稼ぎ方だと思います。

　最初は苦労するかもしれませんが、汗水たらしてスキルを身につけて、稼ぐ力をつけることが年収1億円になるための王道です。

## ピンチをチャンスと捉えよう！
## チャレンジの先に成功がある

いまだにコロナ禍の影響を受け、大変な状況にありますが、実は考え方によってはさまざまなチャンスがあるのです。今置かれている状況は、いくらでも逆転できると考えています。

最近、「レジリエンス」という言葉が注目されているようです。

作家であり教育者であったアル・シーバード博士が提唱した概念だそうですが、「過酷な条件に置かれたときに再度、回復する心の力」という意味です。

そして、逆境を乗り越える人たちには以下の3つの共通点があるそうです。

①すべては学びと考える。

②矛盾する性格を持つ。

### ③運命は自分で決める。

かつて私も年収300万円時代はブラック企業で働いていましたが、まさにドン底でした。そのときは必死だったので、なかなかいい経験や学びとは思えませんでしたが、今となっては大きな学びを提供してくれた当時の会社に感謝しています。

コロナ前は、会社でも年長者が偉そうに幅をきかせていて、若い人に活躍の場やチャンスはあまりなかったように思います。

しかし、リモートワークの普及により、若い人が年長者にZoomの使い方やITスキルを教えてあげることも増えました。成果主義に変わったことで、以前より若い人でも成果を出せば評価されるようになってきたと感じます。

私は、ピンチこそチャンスだと考えています。

一見すると、ピンチのときにはチャンスは見えないと思いがち。しかし、よくよく見たらピンチの周辺にはチャンスの芽が無数にあるものです。ピンチになったことだけにフォーカスすると、どんどんネガティブになってしまいますが、一歩引いて見渡してみると、たくさんのチャンスが見えてきます。

何かを始めたい人にとっては、今は大きなチャンスです。

何もしなかったら、生き残れない時代なので、文句を言ってくる人も減っているからです。世の中があまりに平穏な時代だと、起業しようとすると、「起業は危ない」「副業が会社にバレたらクビにされるぞ」などと言う人もいたでしょう。

逆に、今の時代は「何もしなくても、大丈夫？」と問われてしまう時代だと思っています。

会社も業界も一寸先は闇ですから、この先どうなるかはわからない。個人が自分の力でサバイバルしていく戦国時代に突入しています。

私は、こんな時代だからこそ、起業にチャレンジをしたほうがいいと思います。

もちろん、チャレンジしたとしても稼げない可能性もありますが、チャレンジしなければ、確実にお金持ちにはなれません。これだけは間違いありません。残念ながら、会社員のままで、副業もチャレンジもしないで年収1億円になることは現実的にあり得ません。

## 習慣が人を変える——自分のデータを取る

これから年収1億円を目指そう。そう決意した人がまず、最初にやるべきことは、自分が置かれている状況を正しく把握することです。

例えば、生涯でかかるお金、今の仕事の収入で何歳まで働くといくら貯まるのか、結婚費用や子どもの養育費などはいくらかかるのか、自分が持っているスキルは何なのか、などを知ることです。

そして、自分の習慣を把握するために、毎日やっている習慣を紙に書いてみることも大切です。

例えば、

◎ＴＶでダラダラ過ごしている時間（生活面）

◎難しい仕事はやらないように逃げる癖がある（仕事面）

◎ついつい不要なものを買ってしまう（金銭面）
◎注意されると不快な顔をする（人間関係面）
◎やると決めたことをやり切らない（人生面）

など、細かいことも含めて日々の習慣を棚卸していきます。

ほんのささいなことでも、何か１つ習慣を変えてみることが大切です。昨日までできなかったことが、今日できるようになることは本当にスゴイことです。毎日の行動の積み重ねが複利でどんどん増えて、スキルに変わっていくでしょう。

そして、本書を読んで、自分がやっている習慣は年収３００万円の人の習慣か、年収１億円の人の習慣なのかをチェックしてください。

残念ながら、年収３００万円から年収１億円には一瞬でなることはできません。行動と習慣を一つひとつ改善していった結果、年収１億円になるのです。

元メジャーリーガーの松井秀喜さんの座右の銘で次のような言葉があります。

「心が変われば行動が変わる。行動が変われば習慣が変わる。習慣が変われば人格が変わる。人格が変われば運命が変わる」

できるかできないかは、知っているか知らないかだけです。そして、行動するか行動しないかだけです。

最終的には、習慣になるか習慣にならないかだけの違いだと思います。

## 第1章のまとめ

・年収1億円になるには、現状を正しく把握することが大切。
・コロナ禍で収入が減った人や失業者も増えている。自分の身は自分で守る時代になっている。

・収入格差が広がり、年収３００万円の人と年収１億円の人に二極化していく。
・収入を上げるためには、副業と起業が現実的であり、将来性も大きい。
・怪しい儲け話を見極める目を持つことが必要である。
・ピンチをチャンスと捉えよう。チャレンジの先にしか成功はない。
・まずは自分の習慣を知ることから。年収１億円の習慣を身につけよう。

# 第2章

# 年収300万円の人と1億円の人の決定的な違い

## 基本的な「考え方」に違いがある

第2章では、年収300万円の人と年収1億円の人との決定的違いを「お金」「人間関係」「仕事」「時間」の4つのテーマに分けて解説していきます。

年収300万円と年収1億円では何が違うのか？

年収1億円の考え方を1テーマにつき5項目ずつ比較しているので、自分の考え方との違い1項目ずつ確認してみてください。

## 「お金」に対する考え方の違い

年収300万円の人と年収1億円の人は、お金に対する考え方も大きく異なります。

ひと言で言うと、年収1億円の人は、お金に関して「1の恩に1000の恩返し」をできる人です。

これだけでは意味がわからないと思うので、少し説明します。

年収1億円の人は、お金が好きだからこそ、お金が集まってきたのです。そして、本当のお金のありがたみがわかっているとも言えるでしょう。だからこそ、まわりの人が自分に対してお金を使ってくれたときは、全力でその恩を何倍にもして返したいと考えています。

例えば、若くてお金がない頃に、お金持ちのメンターに高級ラウンジで食事をおごってもらったとします。

年収300万円の人は、例えば、「お金持ちの人はたくさんお金があるのだから、少しぐらいおごっても懐は痛めないだろう」と考えます。

一方、年収1億円になる人は、「メンターが自分で汗水垂らして稼いだお金を私のために使ってくれた。私がお金持ちになって、同じことを若い人たちにしてあげよう。そして、若者をお金持ちに育てれば、幸せの輪が広がっていくだろう」と考えるのです。

このように、本章では、年収300万円の人と年収1億円の人をさまざまな角度から比較することで、考え方を理解してもらうことを目的としています。

自分に当てはまる部分があれば、改善すればいいだけです。ぜひ、年収1億円の人の考え方を自分の中にインストールしてください。

## 年収300万円の人は、お金稼ぎは悪、年収1億円の人は、お金を愛している

基本的には、年収300万円の人は、「お金稼ぎ＝悪」と考えています。お金持ち＝ロビン・フッドであり、時代劇の「越後屋、お主も悪よのう」のイメージを持っている人が多いのです。

世間では、稼ぐこと自体、どこか後ろめたいものであり、

「お金持ちは陰で悪いことをやって稼いでいるはずだ」

という変な思い込みがあると感じています。

さらに、テレビやまわりの人との会話でお金持ちの話題が出たときに、ネガティブ

な発言をしている人は、お金稼ぎは悪いことと考えています。

例えば、

「あの人はズルいことをして儲けた」

「お金持ちは貧乏人から搾取している」

「すぐに失敗するよ」

などの発言です。

一方、年収1億円の人やこれから年収1億円になる人は、決してこのような発言はしません。例えば、

「どうやったら、自分もあのお金持ちのようになれるだろうか？」

「自分がお金持ちになるヒントが得られた」

「お金持ちが税金を納めてくれているから、国の財政が助かっている」

など、決してお金稼ぎに否定的なことは言いません。

それどころか、年収1億円の人は、お金に対してポジティブなイメージを持ってい

ます。「お金と一緒に寝られる」「お金を愛している」と考えています。お金が好きだから、稼ごうと思って大切にするため、逆に無駄な浪費を減らそうとするのです。

年収1億円の人は、お金持ちは多くの人の問題解決をしているからこそお金が集まってくる、お金持ちの人ほど良い人だと考えています。

「お金持ち＝感謝を集めた人」です。実際、自分のまわりのお金持ちは性格の良い人ばかりです。

確かに、年収300万円時代は、自分もどこか斜に構えて天邪鬼で、まわりにもひねくれた人が多かったと感じています。

## 年収300万円の人は、少しずつ貯金する、年収1億円の人は、自分や事業に投資する

貯金や投資に対する考え方も大きく違います。

年収300万円の人は、資金が少ないのに銀行に貯金します。

一方、年収1億円の人は、事業投資や自己投資にお金を使います。

特に、貯金に関しては、日本人は美徳と考えているでしょう。「貯金は正義」と考えている貯金信仰が根強く残っていると感じます。これは戦時中に国が仕掛けたプロパガンダで、戦争の費用を国民の貯金から使うために流したと言われています。そのときから、今もずっと貯金が善とされていることは、本当にすごいことですが、そろそろその洗脳が解けてもいい頃でしょう。

極端な話ですが、毎月1万円の積み立て貯金をしても、1億円まで貯まるのはいつになるのでしょうか？

1年で12万円、10年で120万円、100年で1200万円ですから、833年後にようやく1億円程度が貯まる計算になります。人生100年時代でも、833年後では生きていないので、1億円は自分では使えません。

それに対して、年収1億円の人は、自分の成長にお金を使います。月1万円貯金するよりも、毎月参加費1万円のセミナーで学んだり、1万円分のビジネス書を購入して読みます。

自己投資が一番リターンの大きい投資であることをわかっているからです。

結局は、自分の人間的なレベルが成長していなければ、お金があってもすぐに出て行ってしまいます。

そして、年収1億円の人は、自分のビジネスに対して事業投資を行ないます。ビジネスが飛躍する可能性があると思えば、借金をしてでも月1000万円の事業投資をします。決してもったいないとは考えず、後々に大きなリターンが来ると判断して投資しています。実際、数倍から数十倍になって戻ってくる場合は少なくありません。

## 年収300万円の人は、一攫千金を狙う、年収1億円の人は、コツコツ地道にスキルを磨く

ギャンブルに対しての考え方も大きく違います。

年収300万円で借金がある人ほど、怪しい投資話に引っかかっています。

例えば、暗号通貨のICO、バイナリーオプション、FX（外国為替）、株、IP

Oなどです。ひと昔前に暗号通貨のローンチが流行していましたが、そのときに買った人の99%は損をしています。大きなリスクがあるのに、詳しく調べもせずにお金を預けてしまうからです。

一方、年収1億円の人は、コツコツ自分のお金と時間を未来に投資します。

「人は何かを習得するのに1万時間の練習が必要である」という説があります。これを「1万時間の法則」と呼びます。1日16時間働くと考えると、年5840時間、7年で4万880時間を費やすことになります。実際、私は1日16時間はビジネスに費やしていますが、何かを習得するのには十分な時間を投下していると言えます。

毎日の反復とPDCAサイクルを回して改善を行なうことで、ビジネスに必要なスキルやマインドを身につけるわけです。そうやって身につけたビジネススキルがやがて花開いた結果、後から収入がついてきます。アリとキリギリスの童話でもアリの努力が報われましたが、まさに地に足をつけてコツコツ努力できるかどうかで、人生が大きく異なるでしょう。

## 年収300万円の人は、少額を使うのに決断できない、年収1億円の人は、高額を使うときでも即断即決

お金の使い方でも大きく収入に差が出てくるでしょう。

年収1億円の人は、本当に必要だと判断したら、1000万円を使うときにも躊躇《ちゅうちょ》しません。私のまわりでも、成功している経営者ほど、決断が早い。すぐに決断するから多くのチャンスもやってくるのです。

一方、年収300万円の人は、5000円を使うかどうかに1時間も悩みます。例えば、5000円の洋服を買うのに、何着も試着して1時間後に1着だけ購入します。そして、買ったら買ったで、支払いに悩み、口座残高を気にして通帳を眺めているのです。メニューでもプレゼントでも、基準はコスパ、コスパ、コスパです。

その結果、レストランでも毎回同じメニューを頼むことになります。今の自分に必

要なものを必要なだけ買っています。将来について投資するという感覚はあまりないでしょう。

年収1億円の人は、今必要ないけれども、これから必要になってくるものに投資をします。その結果、後々大きな財産を得ます。

重要なことは、自分が求める結果につながるかどうか。結果につながる投資なら躊躇しない、結果につながらないのであれば投資しない。

年収1億円の人は、自分が求める結果への最短距離を常に考えて行動するのです。

## 年収300万円の人は、自分にお金を使う、年収1億円の人は、他人にお金を使う

年収1億円の人は、他人にお金を使います。

私も現在、少なく見積もって毎月300万円以上はビジネスパートナーたちとの旅行費や飲食代に使っています。これは、おごったから一生懸命働いてほしいというこ

とではありません。単に「自分だったら、おごられたらうれしいだろうな」という感覚です。

かく言う私も年収300万円時代は、自分のことだけにお金を使っていました。例えば、ストレス解消のための飲み代、洋服代、家賃や水道代などの生活費だけで、手残りはない状態。まして、他人におごる余裕もありませんでした。

正直に言うと、年間3000万円もあれば、自分や家族を満たせるだけのお金は十分です。年間1000万円だと足りないと感じますが、あとは自分のコップからあふれた分をまわりにお裾分けしているという感覚です。

これは持論ですが、どんな人でも年収1億円になれば、まわりの人に優しくなれると思います。「金持ち喧嘩せず」ということわざがありますが、自分が満たされると、まわりと揉め事を起こそうという気が失せます。それよりも、まわりが喜ぶことをしてあげたいという純粋な気持ちが芽生えてくるのです。ぜひ、これは年収1億円を達成して、体感していただきたいと思います。

## 「人間関係」に対する考え方の違い

次に、年収300万円の人と年収1億円の人の「人間関係」の違いを見ていきましょう。

ひと言で言うと、年収1億円の人は、家族や友人などのまわりの人たちとの人間関係が良好です。なぜなら、最終的には、ビジネスも人と人との信頼関係で成り立っているからです。人間関係がスムーズだから、収入もスムーズに流れてくるのだと感じます。

年収300万円の人は、残念ながら人間関係でストレスを感じることが多いです。その嫌な上司や同僚に囲まれ、決して幸せではない時間を長く過ごしてしまいます。その結果、生産性は下がり、人生の幸福度が低いばかりか、成果にもつながりにくくなっています。

## 年収300万円の人は、まわりの人も年収300万円、年収1億円の人は、まわりの人も年収1億円

残念ながら、年収300万円の人は、やはり何らかの人間関係のトラブルを抱えていると感じます。私の例で考えると、年収300万円のブラック企業のサラリーマン時代は、友人と呼べる友人もいませんでした。そして、今から考えると、まわりの上司や先輩とも心が通じている感じはなかったと思います。

成功哲学の父であるジム・ローンは「あなたは、最も長い時間を過ごす5人の友人の平均になる」という言葉を残しています。

一般的には、「つるみの法則」などと言われています。年収、学歴、性格など、まわりの5人の平均になるため、付き合う人たちを選ぶ必要があるというメッセージです。

確かに、これは私にも当てはまっていると思います。年収300万円のときは、職

場の人の平均年収は300万円くらいでしたが、今現在は年収1億円の友人もたくさん増えてきました。あと、私と一緒にいる人たちも、年収300万円から月収300万円に変わった人もたくさんいます。やはり、付き合う人たちは本当に大切だと感じます。

## 年収300万円の人は、成功は自分のおかげ、年収1億円の人は、成功したら他人に感謝する

まわりの人への感謝の大きさも違うでしょう。年収300万円の人は、何か成果が出たら自分の努力のおかげだと主張します。それに対して、年収1億円の人は、まわりのおかげで成功したとまわりの人に感謝します。

年収300万円時代には、私の経験でも、まわりに無駄に威張る人がいました。確かに、年収300万円だと、常に仕事や支払いなどに追われており、心に余裕がないので仕方ないとは思います。

そして、人間関係のストレスも大きくなり、怒ったり、人に文句を言ったり、攻撃的で態度が大きくなると感じます。自分が原因で失敗したことも、他人のせいにする傾向があるのです。

一方、年収1億円の人は、他人のおかげだと感謝します。決して、自分だけの手柄にはせず、まわりの人のおかげだと考えています。例えば、「今回のプロジェクトは○▲さんのおかげでうまくいった」と言葉で伝えるのです。

逆に、他のメンバーが原因で失敗したとしても、自分のせいだとまわりをかばいます。常に、天狗にならず、謙虚な姿勢でいるため、まわりの人たちの信頼を得ることになります。

## 年収300万円の人は、上司が嫌い、年収1億円の人は、尊敬できるメンターがいる

年収300万円の人の特徴は、まわりに尊敬できる人がいないことです。尊敬できる人がいないと成長のチャンスを失います。

例えば、会社でも上司の悪口ばかりを言っています。私もブラック企業の会社員時代は、残念ながら尊敬できる上司や先輩は1人もいませんでした。当時の上司は、私が新入社員の頃に配属されてから初めての休日に、あえて外部との打ち合わせを設定し、休日出勤を促すような人でした。

一方、年収1億円の人には、必ずと言っていいほど、尊敬できるメンターや師匠がいます。年収1億円の人には、年収1億円以上のメンターがいるのです。メンターが通ってきた道で、つまずくポイントなどを教えてもらえるため、成功しやすいわけです。

そして、年収1億円の人は、メンターとの信頼関係が強くあります。メンターから新しい情報をもらったり、成長するための刺激をもらったりします。私自身、起業したときから「この人！」と決めたメンターを今でも本当に尊敬しています。私がビジネスで成果を残せているのは、メンターのおかげです。

今では親友のように週に一度は食事や飲みに行ったりする関係になっています。第3章にも詳しく書いていますが、尊敬できるメンターの存在はビジネスで成功する鍵の大きな1つです。

## 年収300万円の人は、〝人罪〟、年収1億円の人は、〝人財〟

年収300万円の人は、人材が〝人罪〟になることもあります。〝人罪〟とは、かかわることによりマイナスしか生まない人間関係のことを言います。会社の飲み会で上司や後輩などの愚痴を語る人は明らかな人罪です。

会社の飲み会で上司や後輩などの愚痴を言う人も人罪です。慣れてくると何とも思わなくなってしまいますが、一緒に働いている人の愚痴を言うのは、本当に健康的ではありません。そして、お世話になった上司や先輩や社長のことを忘れて批判します。

自分を雇ってくれている社長の悪口を言うことは、恩を忘れて仇で返す行為でしょう。

逆に、年収1億円の人は、人材は〝人財〟だと考えています。〝人財〟とは、自分にプラスをもたらしてくれる人間関係のことを言います。

まわりの人は宝であり、家族のように接します。自分自身、まわりの人にいい影響を与えたいと考えており、実際にまわりは人間的な魅力に惹かれているのです。そのため、単にお金だけの関係にはならず、「この人のために貢献したい」と考えています。

そして、能力やスキル、事業の結果で判断せず、人物で判断するので、まわりからの信頼も得られて、結果的に事業でも成果が出ることになります。

## 年収300万円の人は、一部が友達、年収1億円の人は、全員友達

年収300万円の人は、会社では嫌な上司や同僚と会う必要があります。そして、会社が終わった後に、学生時代の友達と飲み会やカラオケに行ってストレス発散します。つまり、会社や取引先などで嫌な人とも毎日会わなくてはなりません。その人間関係が毎日積み重なり、ストレスも積み重なっていくのです。その結果、嫌な人間関係を忘れるようにスマホのゲームをしたり、睡眠が十分に取れなかったり、お酒の量が増えたり、常にイライラしたりと、精神的にも肉体的にも疲弊していきます。

それに対して、年収1億円の人は、毎日がストレスフリーです。なぜなら、仕事上の仲間はプライベートでも気心の知れている友人だからです。

そもそも、嫌だと思う人とは付き合わないし、仕事も一緒にやる必要がありません。

人生の価値観や方向性が似ている人たちと一緒に過ごしているので、お互いにストレスもなく、楽しみながら仕事をしています。

そうすると、新しいアイデアやお互いの強いチームワークで、仕事の成果も上がり、クリエイティブな組織になります。結果的に、お金も入ってくるのです。

## 「仕事」に対する考え方の違い

年収1億円の人は、仕事と遊びの境目がありません。

それは、嫌々ではなく、仕事を楽しんでいるからです。楽しんでいるから自然体で仕事ができるし、長時間働いても苦痛ではないので、成果も出ます。成果が出ると楽しくなるので、また仕事も頑張ることになり、さらに成果が出るという正の循環サイクルに入ります。

一方、年収300万円の人は、嫌々ながら仕事をするので、早く終わらせたいという気持ちが先行します。

結果として、成果が出にくく、自分の収入も大して上がりません。自分にリターンが少ないので、長期的なモチベーションが続かない傾向にあります。ワークライフバランスばかりを考えるようになると、残念ながら成果としては普通の結果で終わります。

## 年収300万円の人は、仕事はライスワーク、年収1億円の人は、仕事はライフワーク

年収300万円の人は、生活のために仕事をしています。

仕事は、嫌でもやる必要があるもので、ご飯を食べるために働く「ライスワーク」とも言えるでしょう。会社に勤めながらも、自給自足に近いほどに自分の目の前のことしか見えず、楽しさもないため、疲弊していきます。

一方、年収1億円の人は、人生と仕事が一体である「ライフワーク」になっていま

す。

年収300万円の人は、平日は苦痛であり、仕事も義務感を持って働いています。日曜夜になると、明日からの仕事が憂鬱《ゆううつ》になってきます。メンタル的にダメージも多いでしょう。

年収1億円の人にとっては、仕事は大好きなものであり、趣味や遊びであり、呼吸するのと同じように仕事をしています。仕事は楽しく、人生の一部であり、好きな人と好きな場所でするのが仕事と考えています。自分がしたいときに行なえるのが仕事であり、場所を選ばずに仕事をしています。

## 年収300万円の人は、会社で昇進を狙う、年収1億円の人は、副業で始めて本業にする

『金持ち父さん　貧乏父さん』の著者、ロバート・キヨサキ氏は、収入を得る方法は

4つあると書いています。

【E】従業員（サラリーマン、OL）
【S】自営業者・専門職（個人事業主、士業、スポーツ選手など）
【B】ビジネスオーナー（起業家、事業所有者）
【I】投資家（事業投資家）

年収300万円の人は、ほとんどがEかSの働き方をしています。そして多くのE、つまり会社員の方は、昇進による給与の上昇を願います。

ただ残念なことに、EとSでは、どれだけ優秀な人でも収入の上限が決まってしまいます。なぜならば、収入の特性上、自分の働いた時間に対する対価として報酬をもらっているからです。

年収1億円の人は、このうちのBとIで収入を得ています。

起業してビジネスをしているか、もしくは、他人が起業したビジネスに対してお金を投資しているかのどちらかです。こちらは仕組みがあるため、自分の働いた時間に関係がなく、世の中や多くの人にどれだけ貢献したかに応じて収入が決まります。よって、収入に上限はなく、年収1億円以上の人も出てくるわけです。

年収300万円と年収1億円では、始めから目指す方向性が違っているのです。年収1億円の人を目指すなら、経営者か投資家になるしかないことを認識する必要があるでしょう。そして、その中でもまずは副業でスタートして起業家になり、自分のビジネスを成功させることが、最もハードルが低いと考えています。

## 年収300万円の人は、1人で頑張る、年収1億円の人は、チームで協力する

年収300万円の人は、会社や部署に所属して働いています。しかし、会社や自分の収入のために働いているため、本当の意味ではチームワークを発揮していません。その結果、多くの人に囲まれながらも、まわりの協力は得られずに、1人で頑張るこ

とになります。自分1人の力では限界があるため、世の中にインパクトのある成果を出すことができません。

年収1億円の人は、チームワークで仕事をします。経営者は、社会やビジネスパートナーや顧客のために働いたことが、結果的に収入として返ってきます。そのため、関係者のビジネスパートナーたちとも同じ目的を共有して仕事をしており、本当の意味で協力しながらＷＩＮ－ＷＩＮになることができます。

経営者となり、オーナー業になると、多くの雇用を生み出すため、自分に時間ができます。

そこで大切になってくるのが、一緒に働いてくれている人たちに対する配慮や優しさ、思いやりといったアナログ部分です。このあたりの人間的な器や情がないと、年収1億円を超えるのは難しくなります。「この人のために働きたい」という人間的な魅力を感じてもらえなければ、チームとして機能しないからです。

# 年収300万円の人は、自己流でやる、年収1億円の人は、他人のやり方を取り入れる

年収300万円の人は、妙な自信やプライドがあるため、まわりの意見に耳を傾けないことがあります。特に、年齢を重ねていくと、その傾向は顕著になっていきます。

そのため、自己流に磨きがかかり、結果が出にくくなるという負のスパイラルに陥ります。会社の先輩で、まわりが気を遣って仕事をしていて、上司から注意されても改善しないタイプの人に会ったことがある人も多いでしょう。

一方、年収1億円の人ほど、謙虚な人が多く、まわりの意見を聞き入れることができます。

正直、年収1億円の人はやることが多く、全体をマネジメントするため、現場サイドで起こっていることすべてを把握することは不可能です。そのため、限られた情報

の中から客観的に判断していく必要があります。

そして、コミュニケーションが大切になり、素直さが要求されます。例えば、自分が間違えたときには素直に謝れるなどは重要です。最終的には、一緒に働くメンバーたちとの人間関係がすべてだと思います。自分に非があればすぐに認めるなど、変なプライドを捨てられるかが、大きなターニングポイントになってきます。

## 年収300万円の人は、サービス残業、年収1億円の人は、自分の好きなときに稼ぐ

年収300万円の人は、サービス残業をしています。これは実体験ですが、ブラック企業では月400時間労働で、サービス残業を200時間していました。1カ月に1日だけ休み、後は出勤して毎日朝から晩までひたすら仕事をするという生活でした。これでは、収入はいつまで経っても増えることはありません。

年収1億円の人は、好きなときに好きな人と一緒に働き、しっかり稼いでいます。収入は時給では決まらず、労働時間とは比例しないことを知っています。収入は、商品の単価や品質に比例し、顧客にどれだけの付加価値を与えられたかが収入に比例することを理解しています。よって、ただやみくもに働くことはせず、どうやったら付加価値を高めることができるかを考えています。

## 「時間」に対する考え方の違い

年収1億円の人は、時間を無駄にせず、時間を何よりも大切にしています。なぜなら、人生は時間そのものであることを実感としてわかっているからです。つまり、時間とは〝命〟と呼び変えることができます。すべての行動は、実は時間という命を削った行為なのです。つまり、あなたが何気なくしている行動も〝命がけ〟と言えるでしょう。それほどに時間とは貴重なものです。

年収1億円の人は、そんな貴重な時間の使い方が年収300万円の人とまったく違います。そして、時間を作るために、お金を使うこともあります。自分の時間に対してマネジメントしているため、他人の時間に対しての配慮もできるわけです。

## 年収300万円の人は、何となくSNSをする、年収1億円の人は、明確な目的を持ってSNSをする

年収300万円の人は、ダラダラとYouTubeを見て、なんとなくLINEやFacebookを眺めています。これは、まったく生産性のない行動だと言えるでしょう。そもそも、何のために動画や他人の投稿を見ているのか、という目的を見失っています。正直、SNSには終わりがありません。ずっと見ていたら、あっという間に1日が終わってしまいます。つまりは、単純な時間の浪費を繰り返すことになります。

年収1億円の人は、明確な目的を持って仕事としてSNSを見たり投稿しています。つまり、ビジネスとしてSNSを活用しているのです。

実際、私は自分のYouTubeチャンネルを運営しているのですが、YouTubeを見るのは、自分の動画作成の参考にリサーチとして見るときぐらいです。たまに興味のある動画を短時間見ることはありますが、大半はライバルの分析や自分の動画作成の調査目的で見ます。

ＬＩＮＥに関してもビジネスのコミュニケーションツールとして使っていますが、プライベートでのやりとりはほとんどありません。

ＳＮＳは、きちんと活用すれば大きな結果が出るツールですが、付き合い方を間違えると時間を失うので、注意が必要です。それ以外にもたくさんやることがあるので、短期集中もしくは時間を決めて行なうといいでしょう。

## 年収300万円の人は、予定がスカスカ、年収1億円の人は、3カ月後の予定が埋まっている

年収３００万円の人は、手帳に予定が入っていません。

これは、仕事がないことを意味しています。そして、仕事がないのでお金がなくなります。お金がないので、次の予定を入れることができません。新しい予定、新しいことができないので、もちろん新しい仕事は入って来ません。お金がどんどんなくなってくるサイクルにはまってしまうのです。

そして、手帳に入っているのが、愚痴を言い合うだけの飲み会だったりします。本当に、この愚痴を言う飲み会は、お金も時間も無駄にするため、生産性がまったくありません。まず、年収1億円の人を目指すなら、真っ先にやめるべき習慣だと言えるでしょう。

一方、年収1億円の人は、手帳のスケジュールが3カ月先も埋まっています。スケジュールが埋まっているということは仕事があるということ、つまり、多くの人から需要があるということです。

私もビジネスパートナーたちとのランチや夜の会食で、予定がぎっしり詰まっています。そして、人と会うことが楽しいので、全国を飛び回ってメンバーのフォローをしています。予定を入れないことも可能ですが、将来の事業投資だと捉えています。

## 年収300万円の人は、出勤に30分以上かける、年収1億円の人は、出社は30秒

コロナ禍でだいぶ事情が変わったとはいえ、いまだ通勤に時間を取られている方は多いでしょう。

年収300万円の人は、家賃コストを下げるため、会社から遠く離れた郊外か、駅から離れたところに住んでいます。通勤の負担が大きく、心身ともに負荷が大きいですし、自分の気持ちが下がる行為です。満員電車に巻き込まれるリスクも高まります。

また通勤時間が長い人は、その間に生産性のある仕事ができません。なぜならば、電車に乗っている時間よりデスクに向かっている時間のほうが仕事は捗りますし、寝るにしてもベッドで睡眠をとったほうが圧倒的に効果的だからです。

年収1億円の人は、会社のすぐ近くに住んでいます。私も、自宅のタワーマンショ

ンの29Fがオフィスで、28Fを自宅にしています。自宅から階段を登ると30秒でオフィスに着きます。万が一、忘れ物を取りに行ったとしても、往復1分程度で戻ってくることができます。オフィスに行くのが億劫になることもなく、すぐに仕事モードに切り替えることができます。

また、仕事をしている最中でも家族とのコミュニケーションも取りやすく、すべての時間を効率的に使うことができるのが大きなメリットです。

## 年収300万円の人は、時間よりお金、年収1億円の人は、お金より時間

年収300万円の人は、移動するときも一番安い価格を選びます。時間が余計にかかっても、一番お金がかからない方法を選択します。

例えば、電車のほうが明らかに早く着くのに、自転車で行ける距離なら、時間をかけて自転車で移動する人もいます。健康のためにというのならまだわかるのですが、

多くの場合は、単純にお金を節約しているのです。

一方、年収1億円の人は、お金で時間を買います。

時間が短縮できるのであれば、コストをかけます。例えば、大阪―京都間で新幹線を使います。在来線もありますが、新幹線は短時間で快適に到着できるので、新幹線を選ぶのです。

このように、年収1億円の人は、お金より時間を大切にしていると言えるでしょう。

## 第2章のまとめ

・年収1億円の人は、自分の人生を変えようと思い、本気で自分の人生と向き合った人。

・自分の弱点にも目をつぶらずに、きちんとありのままを見て改善した人。なぜなら、人生は一度きりだと、本当の意味でわかっているから。
・例えば、努力の先に成功があると考えている。同じことをコツコツ繰り返し継続した先には、大きな成果が来ると信じている。
・年収1億円の人は、自分の信念を持ち、情熱を持って物事をやり遂げる。
・年収1億円の人は、自分の夢や目標に向かって素直に進んでいく行動力がある。
・年収1億円の人は、セルフイメージが高いため、苦難があっても途中であきらめることはなく、行動し続けることが結果として現れる。
・年収300万円の人と年収1億円の人では、大きく能力が違うわけではない。
・一番の違いは、行動力とそれを継続する力。
・年収300万円の人は、現状の居心地が良いので、そのまま現状維持でいる。それに対して、年収1億円の人は、リスクを取って、常に新しいことに挑戦し続けている。
・この小さな差が数年後、収入にも大きな差となって現れている。

第3章

# 私が年収300万円から年収1億円になるまで

## ビハインドスタート

本章では、私が年収300万円からどうやって年収1億円を稼げるようになったのか、そのエピソードと過程を紹介したいと思います。読者の方にとって稼ぐためのヒントを得てもらえたらうれしいです。

まず、経験して言えることは、年収1億円になるには、生まれ育ちは関係ないということ。

お金持ちの家庭に生まれたからといって、年収1億円になれるとは限りません。逆に、貧しい家庭に生まれても年収1億円を超える人もいます。

私もまったく裕福な家庭ではなく、むしろ、経済的には恵まれない家庭に生まれました。正直、まわりの人に比べて、ビハインドの状態だと言えます。

私の家庭が金銭に恵まれなかった理由の1つとして、私の人生に非常に大きな影響を与えたエピソードがあります。

私が18歳のとき、なんと、父親が自己破産してしまったのです。原因は浮気と身の丈に合わない支出からくる借金でした。父親は、行政書士として個人事業主の仕事をしていました。細々ではありますが、まじめな性格が功を奏し、リピーターや紹介を得ながら京都市内に事務所を抱え、徐々に売上を伸ばしていきました。好調なときに父親が自慢していたのですが、年間1000万円ほどの利益があったみたいです。

ただ、その得たお金で父は変わってしまいました。私が8歳になる頃から一緒の家に住んでいるにもかかわらず、両親はひと言も口をきかなくなってしまったのです。いざ両親が話したと思えば大喧嘩。今思えば父親の散財や浮気が原因だったと思います。収入に合わない新車のBMWや高級な財布などを買っていたのを今でも覚えています。

小さいながらに、大人になるとどこの家庭もこうやって仲が悪くなるものだと思っていましたが、中学や高校に進学するにつれて、その考えが間違っていたことに徐々に気づかされます。

ともあれ、両親が金銭問題でどんどん不仲になっていき、最終的には自己破産をきっかけに離婚。金銭問題によって人の関係が壊れてしまうという体験が、私の人生に大きく影響を与えていることは事実でしょう。

話は少し戻りますが、私は京都の田舎の生まれで地元の公立中学校を卒業し、ごく一般的な高校の普通科に進学しました。本当は私立の高校へも進学してみたかったのですが、家にお金がないことは幼いながらにわかっていましたので、家から最も近く、交通費のかからない高校を自動的に選ぶことになりました。

いい大学に入って大企業に就職して、貧乏から抜け出すという目標のために、勉強だけは高校1年生から一生懸命に取り組みました。その結果、大学は第一志望の立命館大学に現役で合格。大学時代はアルバイトに明け暮れて、その合間に勉強をしていました。比較的まじめだけど、まわりの人間とのコミュニケーションが苦手なタイプだったと思います。

これまでの人生を振り返ってみると、父親の自己破産があったからこそ、物事を慎重に進める性格になったと考えています。

手堅いビジネスを選び、破産をしないように常にリスクヘッジをしてお金を使うというマインドが形成されたのだと思います。

父親を見ていて思ったのですが、最終的に何もできない状況になり、次のチャレンジができないことが真の最悪だと学んだのです。

自己破産をしたときに「さよなら」も言わずに蒸発した父親へはさまざまな感情があり、当時は本当にショックでしたが、今ではこの出来事に感謝しかありません。

## 就職の選択を間違えた？

大学生活も、あっという間に4年になり、就職活動が始まりました。父親の自己破産が理由で両親が離婚した経験から、「お金がないと人を失う」というイメージが刷り込まれていたのでしょう。お金に対しては人一倍強い気持ちがありました。そして、金融業界が手堅いと考え、何社か面接を受けていました。

ここが人生の転機だと思い、誰よりも量をこなして就職活動した結果、某大手メガバンクに内定。まわりの友達や親も喜んでくれましたが、内定をもらってから悩むようになりました。

「一度きりの人生、本当にこれでいいのだろうか？　親の顔色を気にした選択。安全、安定、ステータスを重視した人生。そこに自分の意志はあるのだろうか？」

さまざまな自問自答を繰り返す日々。

そして、考えに考え抜いた結果、内定を辞退することにしました。理由は、以前からやりたいと思っていたカウンセラーの道に進みたいと思ったからです。両親が離婚した経験から、子どもの頃から心理学には興味がありました。事実、大学の専攻は社会学部の心理学科に進み、在学中は社会心理学などを中心に学んでいました。そして、カウンセラーの代表的な資格である臨床心理士を目指すことを決めました。

臨床心理士の資格を取得するには、大学院の単位が必要でした。そこで、立命館大学大学院の心理学部に進学することを決意したのです。

ただ、立命館大学の心理学部は当時、すごく人気があり、倍率は約30倍の非常に狭き門でした。最初は、メガバンクの内定を辞退してまで受験するのだからと、必死に勉強していました。しかし、学費を稼ぐためにアルバイトも掛け持ちしており、なかなか勉強する時間が取れません。忙しい日々に忙殺され、まわりの誘惑にも負ける日々の中で、なんと、最終的には挫折して、勉強をやめてしまったのです。

今さらメガバンクにも戻れず、大学院進学も挫折し、何もかも中途半端な状態になりました。そして、気がついたらアルバイトだけが残り、立派なフリーターの完成。文章にしてみると、「何でこんなことになったのだろう?」と思いますが、事実そうなってしまったのです。

そのとき、バイト先のパチンコ店で多くのスロプロ（スロットだけで稼ぐプロ）と出会いました。

最初は毎日来るスロットが好きな人なんだなと思うだけでしたが、連戦連勝する彼らを見ているうちに、普通のお客さんとは何かが違うことに気づき始めました。毎日来るスロプロの中で一番若かった2人組がいました。年齢は当時の自分（23歳）に近い風貌、店に来たトータルは必ずプラスになっています。

そんな中で1人が、あるとき、立命館大学のスエットを履いていました。これはチヤンスだと思い、声をかけます。

「立命館大学なんですか？　実は僕も立命館大学なんです。何年生ですか？」

聞けば2人とも私と同い年。大学にはほとんど行かず、スロットだけで会社員以上の収入を得ているると言います。「彼らと仲良くなるしかない！」と思った私は、頻繁にコミュニケーションを取り、徐々に仲良くなって、スロットを教えてもらったら、ビギナーズラックで勝つことができたのです。当時の私には、自分の力で稼ぐスロプロが魅力的な仕事に感じました。

一度、メガバンクに内定したのに辞退、そしてカウンセラーになる道もあきらめた結果、正真正銘のフリーターが誕生しました。私は、「一度曲がった人生だから、ととことん曲がり切ってやろう！」と考えてスロプロになったのです。

## スロプロで培ったビジネス思考

スロプロとしての修業が始まり、まわりのスロプロの技を盗んで、多くの技術を習得していきました。やがて、スロプロとして月40万円は稼げるようになっていました。「同年代の会社員よりは稼いでやる！」という思いが強く、スキルアップへの努力は惜しみませんでした。自分で選んだ道を生きており、日々満足していました。

10時オープンのパチンコ店に、時には朝4時から並び、勝てる台のポジションを確保しました。勝てる台が取れなかった日は、どれだけ長時間並んでいても、そのまま帰ることもありました。

年間280日は、毎晩複数店舗の閉店データをメモするために周り、データを分析して、毎朝パチンコ店に並んで抽選を受けて、自分の狙いが外れたら複数の店舗のリサーチに時間を使っていました。

今思うと、自分でも本当に真摯に（？）パチスロに取り組んでいたと思います。

やはり、スロプロでも、勝ち組と負け組は存在します。一般的に運の要素が強いと思われますが、それはまったく違います。まじめにやる人、データ分析する人、仲間がいる人が勝ち続ける傾向がありました。

一方、不まじめな人、単にギャンブルとしてやる人、孤独にやっている人は、仕事としてスロットを捉えられていないので、すぐにお店から消えていきます。

私は仮説を立てて、実際にスロットを打って検証しながら、スキルを徐々に磨いていきました。このスロプロ時代の経験が、今のビジネスをやるうえでも役に立っていると思います。


まず、仮説思考。スロットでは、勝てる台かどうかの見極めが大きく勝敗にかかわってきます。例えば、台には設定が1から6まで決まっています。1が一番悪い台で6が一番良い台です。お店は利益を上げるために95％ほど1か2の悪い台を入れてきます。お店が儲からなかったら意味はないですからね。

店全体で5か6の台は1～2％ほどです。良い台がなければお客さんは来ませんので、意図的に少ない台数勝率が高い5か6の台を店は入れてきます。1から2％の少ない〝当たり台〟をゲットするのがスロプロの仕事です。

その際に重要なのが、先ほど言った台の見極めです。

まずは、自分が良い台が入りそうな場所に座って実際に打ってみます。そして、1

か2の台が濃厚だとわかったら、すぐにその台から離れて、別の5か6の台に移る必要があります。

そのとき、やみくもに台に座ったり、やみくもにスロットを遊戯するわけではなく、正しい法則があります。それを参考にするのが、過去の経験、台の統計データや勝率、仲間からの情報をもとに自分がつくった5や6の当たり台に座れる確率です。事前のデータ収集をした上で、設定6の台がどこに何台配置されるのかなどの仮説を立てます。そして、実際に打ってみて、自分の仮説と合っているかどうかを検証しました。

仮説が間違っていたら、すぐに改善して、次の仮説を立てるのです。当時は、PDCAサイクルという言葉を知りませんでしたが、今から考えてみると、スロプロ時代からPDCAサイクルを回していました。

特に、ビジネスでもスロットでも私が大切にしているのは、「大きく勝つより、負けないこと」。

スロットやギャンブルの性質上、どうしても大きく勝ったときの印象が強く残るので、「トータルでも勝っている」と勘違いしやすいものです。でも、実際に数字の記録を取ると、トータルで負けていることはよくあります。これは、負けるとすぐに忘れたいという心理が働くので、大きく負けた記憶が残りません。むしろ大きく勝った残像をいつまでも追いかけてしまうのです。

パチンコが好きな人であれば、負けた話より大きく勝った話を何度もしている同僚や友人を一度は目にしたことがあるでしょう。

父親の自己破産で学んだことは、〝いくら稼げても長くできなければ意味がない〟、そして〝負けなければ（破産しなければ）次のチャンスは必ずある〟ということでした。それをスロットに、ビジネスに、今でも活かしています。

だから、当時の私は、1日打ってプラスマイナスゼロで終わった日は、プラスで終わったというように捉えていました。

さらにスロットは、数字に強くないと勝てません。過去の数字をしっかりとノートにメモし、データ分析ができる人がスロプロとしても勝ち残っていました。

勝ち残る人は、負けたことも、理不尽なことも、自分の判断ミスでマイナスになってしまったことも、どんなにマイナスになっても、ありのままの数字で明確にして見える化することで改善策を見いだします。

逆に、マイナスになった現実を見ることができず、怠慢な数値の管理しかしていないスロプロは、どんどん淘汰されていきました。

今となっては、このときに数字に強くなったことが、会社経営において会計力やキャッシュフローの計算、事業投資における利回り算出などにプラスの影響を与えていると感じています。

このように、スロプロでの3年間の経験が今のビジネスに生きています。スロプロ1年目は、天職だと思ってスロットを打つ日々でした。スロプロ2年目も、楽しみながら年間280日もパチンコ店に出勤し、稼ぎました。今から考えると、よく年間280日も通ったなと思いますが、スロプロの技術を磨くにはそのくらいの量をこなす必要があったと思います。

私の好きな言葉で「量からしか質は生まれない」というものがありますが、まさにこのスロプロ時代はこの言葉どおりに結果を出していました。

## スロプロをやめる決意をした理由

しかし……。

スロプロ3年目からこの仕事に対して疑問が生じるようになってきました。

「果たして、誰かの役に立っているのだろうか？」

「自分が50歳になっても、できる仕事だろうか？」

と。

そして、社会的な評価も得られない、銀行からお金も借りられない、マイホームも建てることができない等、いろいろなことを考えると、だんだん嫌になってきていたのです。

一番決定的だったのが、当時付き合っていた彼女と結婚することを考えたときです。

相手のご両親に「森さん、職業は何ですか?」と聞かれて、「職業はスロプロです」と答えられるはずがない。

そう考えたときに、3年間続けたスロプロをすぐにやめる決意をしていたのです。

## まさかのブラック企業に入社

私は、3年間続けたスロプロをきっぱりとやめ、就職することを決意しました。当時の私は26歳だったので、就職するにはラストチャンスだと考えていました。

就職活動の面接では、スロプロだったことを隠さず、むしろ積極的に話しました。どうせ隠しても後からバレると思ったからです。そして、面接でスロプロ時代の仕事への取り組み方を話していたら、結構おもしろがってくれた企業も多く、最終的には7社から内定をいただきました。

その中で、一番安定しているように見えた創業50年の建築商社を選び、入社することにしました。27歳の誕生日に初出社し、スロプロから心機一転、サラリーマンとして働くことに。これで自分も社会的にも認められる、しっかりとした会社に入社できたとうれしくなりました。スロプロで社会人としては後れをとっていると感じていたので、これから、人一倍一生懸命働こうと決意しました。

しかし、入社後すぐに自分が大きな過ちを犯していたことに気がつきました。

実は、超のつくほどのブラック企業であることが判明したのです。例えば、月40時間労働で、200時間がタダ働きのサービス残業。そして、月の休みは1日か2日だけというブラックぶり。

最初に驚いたのは、新入社員のときに配属後、初めての休暇日が突然なくなったことです。

出社すると、突然なんの前触れもなく上司から「森、その日にお客さんとのアポを入れたから出勤な」と、休暇日にわざと仕事を入れられたのです。しかも、代休もありません。そのときは社会人経験が浅かったので、「会社員ってそんなものかな」と流していましたが、今考えると、どう考えてもあり得ないと思います。

それでも、晴れて会社員になれたので、一生懸命頑張ろうと努力しました。朝7時に出社し、帰宅は夜12時でした。業務が多いときは朝の4時まで働いていました。定時で帰ると文句を言われたり、帰ろうと思ったら上司が話しかけてきて、よくわからない立ち話で2時間足止めをされたり……。

そのような理不尽な状態が続きましたが、同年代には負けたくない、「後れをとった状態から逆転したい」という思いが強かったので、必死に頑張りました。

しかし、先輩に仕事のやり方を質問しても「そんなことは自分で考えろ」の一点張り。まったく教えてもらえませんでした。

仕事のやり方も怪しかったので、お客さんからのクレームも起こすし、仕事のノルマも達成できませんでした。そして、溜まりに溜まったストレスをお酒で解消する日々。しまいには、月に1回の休日にも、特に仕事がないのに夢遊病者のように出社しているときもありました。今考えると、相当やばい状態です。

このような思いをして、月400時間働き、年収300万円。月収にすると25万円ですから、400時間の労働時間で割ると、時給で600円程度。考えてみたら、最低賃金を割っているので、コンビニでアルバイトしたほうがまだマシだったかもしれません。

かつて、30歳になったときの理想の自分がありました。会社で出世して年収1000万円を超えていて、タワーマンションに住み、高級外車に乗り、家族もいて幸せな日々。

ところが、まったく理想とはかけ離れた現実が目の前にありました。「どうしてこんなことになってしまったのだろう?」と思っていましたが、あまり深く考えると苦しくなるので本当の気持ちを封印していたのです。

## 「本当に変わりたい」と思ったきっかけ

超ブラック企業で月400時間労働して年収300万円……。

理想と現実の大きなギャップを感じながらも、あきらめて思考停止状態の日々。先の見えない社畜生活を続けているときに、大きな転機が訪れました。

それは、現在の妻に出会ったことです。

ブラック企業の暗闇にいた私にとっては、彼女の存在は一筋の光が差し込んだようにまぶしく感じました。当時は、彼女として付き合っていましたが、次第に結婚したいと思うようになりました。

本気で結婚したいと考えたときに、現状では彼女との結婚は無理だと悟りました。

今の自分の現状を紙に書き出してみたのです。

・30歳、貯金なし、休みなし。
・結婚資金300万円を貯めることができない。
・転職して年収を上げても、結婚には時間がかかる。
・妻や家族を幸せにはできない。

まず、30歳で貯金がなく、結婚資金が出せないため、すぐに結婚式を挙げることができません。そもそも、年収３００万円ですから、生活費ですべて消えてしまいます。そう考えると、結婚資金の３００万円を貯めることは物理的に不可能です。

もし仮に転職して年収４００万円から年収５００万円に上がったとしても、結婚資金３００万円を貯めるには5年以上はかかるでしょう。当時、彼女は3つ上の33歳だったので、5年以上待つと出産も遅れてしまう。そもそも5年間も結婚を待ってもらえないでしょう。

よって、転職という選択肢もありません。

何より、低い収入、月の休日が1日しかない状態では、もし結婚しても妻や子どもと遊びに行く経済的・時間的余裕がないことは明白です。

現状を大きく変える必要がありました。そこでいろいろとリサーチした結果、自分で起業するしかないという結論に至りました。そして、ブラック企業を辞める決意をしたのです。

## 324万円の自己投資——メンターとの「人生を変える出会い」

起業しようと決意してから、起業を教えてくれるメンター（師匠）が必要だと考えました。それからの1カ月間、ビジネスで成功している起業家を集中的にリサーチしました。

そこで、自分の中でビジネスのメンターの条件が明確になってきました。

・ビジネスで実績を出している。
・やっていることが明確であるか。
・そのビジネスは将来発展するか。
・成功までの時系列でのプロセスが明確に見えるか。
・経歴がわかること。
・メンターの教えによる実績者の数。

・まわりに人が集まっているか。
・実際に会えるか。
・対外的な評価は高いか。
・実際に話したときの印象はどうか。
・人として仲良くなれるか。
・人として好きになれるか。
・友達になれるか。

このような条件で、メンター選びを続けたところ、1人の起業家がメンター候補として挙がりました。さっそく、ホームページからメールで連絡して、実際に会えることになりました。

実際に会ったら、私と同じ立命館大学出身だと判明しました。そして、このメンターなら安心できると感じました。何よりも自然体で接してくれたので、長く付き合うことができると感じたのです。

現在の妻と結婚するために起業で早く結果を出したいと思っていた私は、どうやったら早く結果が出せるのかを考えました。

まず、メンターを決めること。そして、彼は起業化育成の事業、コンサルティングを行なっていたので、そこでビジネスを学ぶことを決めました。

とはいえ、ビジネスをメンターに学ぶと言っても、さまざまな学び方があります。

極端に言えば、無料のメルマガやYouTubeを見ているだけでも学びになるし、有料の講座やコンサルティングを受ける方法もあります。

そこで決めた私の決断は、「メンターの一番高い講座を買って、結果を出すこと」が一番の成功への近道だと思いました。

よくありがちなのが、一番安い講座から徐々に買っていくという流れです。しかし、安い講座の購入をしていても、自分が同じビジネスの内容で提供者側になったときに、自分が購入した額以下の安い商材しか販売できないと考えました。それでは大きく利益を上げることは難しいでしょう。逆に、一番高い講座を買えば、自分も同じ内容でビジネスをするときに高い講座を販売できるようになるはず。なぜなら、その高い講座の内容をアレンジすれば、自分も人に教えることができるからです。

さっそく、メンターの一番高い講座を調べたら、価格が324万円であることがわかりました。最初に価格を知ったときは「マジかよ……」と思ったのが正直な感想です。年収300万円で貯金ゼロですから、当然手元にお金があるはずもありません。

そもそも324万円を持っているなら、結婚資金が出せているでしょう。自分にはとても出せる額ではない。何か別の方法を探したほうが良いのではないかとも考えました。そして、自分の年収よりも高い324万円を支払うことには、正直ものすごく抵抗がありました。

ただ、現状を続けていても、人生はまったく変わらないことだけは確実でした。そして、目標や夢の大きさが、恐怖よりも勝ったのです。

自分の人生と本気で向き合った結果、借金して324万円のメンターの講座を買うことを決意しました。やはり、一度きりの人生で挑戦しないで終わることはもったいないと考えたからです。

こう書くと無謀な挑戦に聞こえるかもしれませんが、私には明確な勝算がありました。自己投資を一切してこなかった私が324万円払うのは、やみくもに払えば変わるというわけではなく、メンターのSNSで出している記事や動画、そのすべてを見てリサーチ。

一つひとつ彼のやっていることを分析して、自分も同じことができるのか？　またやったときに近い成果は出るのかを徹底的に調べ上げました。

一生に一度きりの大切な人生です。そして一生に一度あるかないかの大きなチャレンジです。父親のように失敗するわけにはいきません。ブラック企業で勤めながら寝る時間を削って、ありとあらゆる角度から「自分がどうやったら成功するのか」をひたすら考えて、最も勝率の高い方法を選んだのが324万円の自己投資だったのです。とは言え、私も人間です。いくら調べても不安が完全に消え去るわけではありませんでした。

結局、「何かを差し出しても得たい未来はあるか？」ということに尽きると思います。もちろん、あなたにも324万円の借金をすることをすすめているわけではありません。

ただ、「自分の望む未来は何なのか？」「どのくらい実現したいのか？」を本気で考えて、「その未来を実現するためには何をすればいいのか？」「どれくらいのリスクを取る必要があるのか？」を天秤にかけてみてください。

その結果、自分の頭で考えて、どちらを取るかを選択すればいい。やはり、自分のやりたいことや夢を実現するためには、何らかのリスクは負う必要があると思います。

もちろん、私にも当然不安もありました。「324万円を支払ったのに、メンターに逃げられたらどうしよう」などの考えも頭に浮かびました。

しかし、結果的には、すばらしいメンターと出会い、勇気を出して324万円のコンサルを受けたことが、現在の年収1億円の達成につながりました。あのとき、勇気を出して踏み出せていなかったら、今も年収300万円だったかもしれません。

## 副業で転売スタート——10日で5万円稼ぐ

メンターの高額コンサルを受けた後、メンターがメルカリ物販をオススメしていた

普通だったあの人が

年収300万円から年収1億円になった方法

# 読者限定特典

【未公開動画】

## 「1年で300万円→1000万円になる方法」

## 読者限定
## 特別無料プレゼント

下記のQRコードから登録後、

「特典希望」とメッセージを

お送りください。

LINE

※本特典は著者が独自で提供するものであり、

その内容については、出版元は関知いたしません。

あらかじめご了承ください。

ので、私もスタートすることにしました。

理由は、フリマアプリが急成長の市場でトレンドのビジネスということ、マーケットが広いし、汎用性が高く、再現性、つまり結果が出るもの早い。さらに、自分ができるようになったら人にも教えることができるので、将来性があると判断したからです。

実際にメルカリ物販をスタートし、まったくの初心者から副業で10日で5万円の利益を出すことができました。メルカリで手応えをつかみ脱サラ。

メルカリでの実績を元に、教える側に回ってメルカリの教育事業をスタートし、1カ月目で114万円、2カ月目で173万円、3カ月目に203万円の利益を稼ぐことができました。

こう書くとサラッと数字が並んでいますが、自分のまわりの環境が映画やドラマのように目まぐるしく変わっていったのを、今でも昨日のことのように覚えています。

このときばかりは、24時間ビジネスのことを考えて必死に働きました。何せ324万円の借金です。ここでやらなければ、父親と同じ自己破産が待っています。

しかし、不思議なことに、超ブラック企業で働いていたことを考えると、メルカリ物販や自分のビジネスはまったく苦には感じませんでした。自分の努力が自分の利益につながるからです。今の働きが将来の幸せな人生や自分の夢である結婚につながっていると考えると、「もっと頑張ろう！」と力が湧いてきました。

副業をスタートしたことで、1つ転機が訪れます。

ビジネスを始めて10日目に5万円の利益が出た時点で、「これは再現できる！　もう会社で働くのはやめて、自分のビジネスに集中しよう」と考えて、会社に辞表を提出しました。今の理不尽な労働環境で働き続けても、収入は頭打ちどころか心も身体も疲弊するばかりなのが目に見えていたからです。

一生に一度の人生で自分がどこまでできるか会社を辞めてチャレンジしたい気持ちが沸々と湧いていました。

退職の意を伝えた際、社長には本気でキレられました。〝今までお世話になった気持ちを忘れやがって〟〝自分から働きたいって言ったのに辞めるのは卑怯だ〟〝お前のことを息子と思っている〟という意味不明な説得（?·）と罵倒をされましたが、なんとか無事に会社を辞めることができました。

3年半、身を粉にして働き、休日もほとんどないのに、辞める際は有給を1日たりとも使わせてもらえませんでした。

それでも良かったのです。今よりも人生が良くなる。それだけで私には十分でした。そして今では、会社を辞めて本当に良かったと心から思っています。

この時期は、東京にいるメンターに会うために、大阪から東京まで片道1800円の夜行バスで往復していました。東京では1泊2000円のカプセルホテルに泊まりました。1秒でもメンターとの直接の接点を増やして、成功のマインドをインストールするために必死でした。お金がなくても時間がなくても、最優先でメンターに会うことを心がけました。

こうして、無事にブラック企業を退職し、副業で始めたメルカリ物販ビジネスがきっかけで起業することになりました。

スロプロ、ブラック企業のサラリーマンともがきながらも、ようやく起業家の道を進むことになったのです。

## 独立して4カ月で会社設立——年収1億円を達成した7つの理由

独立して順調に売上が増えていったので、ビジネス開始4カ月目で法人（株式会社Myself）を設立しました。紆余曲折はありましたが、今では、法人設立6期目で年商27億円、年収1億円を超えるまでになりました。

起業してから現在まではさまざまなストーリーがありました。長くなるため、詳細は割愛しますが、ここでは「なぜ私が年収1億円を超えることができたのか？」について述べたいと思います。読者の方の参考になるように、その理由を客観的に分析します。

私が年収1億円を達成できたのは、7つの理由があります。

まず、1つ目の理由は、会社員を辞めたことです。

ロバート・キヨサキ氏の提唱したESBIでも説明しましたが、やはり、会社員の給料だけで年収1億円を超えることは不可能です。副業や起業などで、何らかのビジネスをスタートしないと、いくら会社の仕事を寝ないで頑張ろうとも、資本主義の仕組み的には収入の上限があります。

必ずしも、すべての人にとって年収1億円を超えることが良いことではないかもしれませんが、会社員の方はまずこの動かない事実を知る必要があるでしょう。

2つ目の理由は、スロットで培った分析力があったことです。ビジネスで成功するためには、仮説と検証を繰り返し、失敗を改善することが大切です。特に今の時代は、先が読めないので、トライ&エラーが重要になってくるからです。スロプロ時代でのPDCAサイクルを回した経験がビジネスにも生きていると感じます。何も皆さんにスロプロになれというわけではなく、普段お勤めの会社でもPDCAを意識して習慣化していれば、皆さんもビジネスで必ず活かすことができます。

3つ目の理由は、妻と出会ったことです。そもそも、妻と出会ってなかったら、起業もしなかったと思います。どうしても彼女と結婚したいから起業する決断ができたのです。何でも、最終的には誰かのためにやるというのが大きなモチベーションになると痛感しています。〝大切な誰か〟を皆さんも想像してみてください。

4つ目の理由は、メンター選びに成功したことです。自分でメンターの条件を明確にし、自分に合ったメンター選びはとても重要です。どのメンターを選ぶかによって、成功するか失敗するかが分かれるので、メンターは慎重に選んでください。

5つ目の理由は、とにかく量をこなしたことです。ビジネスでも、やはり量をこなすことは大切だと考えています。

私は天才でもなんでもありません。勉強でもスポーツでも会社でも、取り組んできた何かで1番になったことのない人間です。そんな才能のない人間が成功するためにできることは〝量をこなす〟こと以外ありません。

持論として〝人の3倍やって当たり前。3年間で3倍やれば人より結果は残せる〟

と思っています。やると決めたことがあるなら、なりふり構わずがむしゃらに努力しましょう。

最初は仕事の質が良くなくても、量をこなすと、質が良くなっていきます。泥臭い努力がいつか花を結び、良質になり、やがて大きな利益につながっていくと考えています。

6つ目の理由は、インターネット事業を選んだことです。

インターネット事業は、時代のトレンドであり、参入障壁が低いのに利益率が高いと言えます。そして、再現性が高いので、人に教えることもできます。何らかの形でインターネットを活用したビジネスでないと、行き詰まっていくでしょう。

また、最初のスタートがメルカリ物販であったことも功を奏しました。詳しくは第4章で解説しますが、最も早く正確に利益を積み重ねる事業に最初に会えたことが、今思うとラッキーだったのかもしれません。

7つ目の理由は、プライドを捨てることです。

私は本来、人に何かを教えてもらうのが大嫌いな人間です。スロットも多少教えてもらいはしましたが、基本的には自分で研究して利益をあげていました。人に教えるのはいいのですが、教えてもらうのは「自分ができない人間」と認めるようで、本当にいつも嫌でした。

ですが、メンターのコンサルを受けるとき、お金を払って頭を下げてビジネスを教えてもらわないとどうしようもないと気づいたときから、私は大きく変わりました。教えを乞う、お金を払ってでもお願いしなければ、自分は何もできない人間だと気づいたのです。

それ以来、売上が下がっても、必要であれば後輩にでも頭を下げるし、結果のためにプライドを捨てることができました。

「今までしょうもないことにこだわっていたな」と今では思います。ですが、こういった少しのマインドの違いが、大きな変化をもたらします。

年収1億円を達成するための7つの理由を述べましたが、このすべての土台として、成功のマインドセットが大切になってくると思います。本書で、年収1億円の人の考え方をインストールして、どんどん実践しながら自分のものにしていってください。それが、年収1億円への一番の近道になると思います。

## 第3章のまとめ

- 年収1億円を稼ぐには、生まれ育ちは関係ない。
- 自分の人生と本気で向き合うと、自分の道は開けてくる。
- 会社員では年収1億円を達成することは不可能である。
- 妻との出会いが人生を大きく変えた。
- メンターとの出会いがなかったら、年収1億円を達成できなかった。

・本気でビジネスすれば、誰でも稼ぐことができる。

# 第4章

# ゼロイチ

## ——今すぐこの副業を始めなさい

## まず副業で月10万円を目標にする

本章では、会社員としてのサラリー以外の収入がまったくゼロの状態から、どうやって副業で収入を得るかについて、詳しくお伝えしていきたいと思います。

まず、大前提の考え方として、副業だけで月10万円稼ぐことを目標にします。

この理由は、習い事でも何でもそうですが、「0→1」（ゼロイチ）が一番難しいからです。ついつい一気に月１００万円以上の売上を目指してしまいがちですが、まずは手堅く成長していくことがコツです。

月10万円稼げたら、月１００万円への道が開けます。そして、月１００万円に到達したら、月１０００万円を狙える土俵に立てるのです。

焦らずに、目の前のことに集中して月10万円を稼ぐことが、実は年収1億円までの最短距離。私も実際にこのプロセスを経験してきたので、これは自信を持って断言できます。

この〝ゼロイチ〟で大事なのが、成功確率が高い副業に取り組むこと。

世の中には多くの副業がありますが、当然、成功確率が高いものと低いものがあります。もちろん、確率論なので、絶対に成功する副業、絶対に成功しない副業というものはありません。しかし、私はやる前から明らかに成功確率が低いものは避けるべきだと思っています。それよりも、始めから成功確率が高い副業に取り組んだほうが、年収1億円に達する確率が高くなり、早くなると考えています。

なぜなら、選択を間違えると、無駄な時間とお金を使うことになってしまうからです。

どんな副業に取り組むかは、慎重に見極める必要があると思います。もちろん、どうしてもやりたいことがある方は、成功確率を気にせず、挑戦するのもありでしょう。もしくは、より確実性の高い副業で稼いでから、趣味でやりたいことをやるという選択肢もあります。

いずれにしても、一度きりの人生を後悔のないように選択していってほしいと思います。

会社員の方は、まず本業の収入がある状態で、副業で小さく始めてみることが大切です。

やってみて、結果を出せると確信してから本業として取り組んでも遅くはありません。あくまで、「失敗するリスクは最小限まで減らし、成功というリターンを最大にする」という考え方は、ものすごく大切だと考えています。

## 副業でうまくいく4つのポイント

では、副業でうまくいく人とうまくいかない人の違いは何でしょうか？

実は、この違いは、副業を始める前にこれから述べるポイントを押さえている人かどうかです。いくら才能がある人でも、方向性を大きく間違えると、せっかくの努力が無駄になってしまいます。

ここでは、私が考えるうまくいく副業を選ぶ際のポイント4つを紹介していきます。

**【ポイント①】再現性が高い**

まず、いつどこで誰がやってもできるかどうか、つまり再現性が高いことです。この再現性が成功確率の高さに直結します。必ず再現性の高い副業に取り組みましょう。その副業やビジネス自体が複雑でなく、単純でわかりやすく、初心者でも参入しやすいものか、という点もポイントになります。いくら一時的にうまくいっても、二度と同じことができなければ、ただの一発屋芸人と同じです。継続的に稼ぐこともできません。逆に、一度成功したことを何度も繰り返せる副業なら、継続的に安定的に稼ぐことが可能です。人に教えられるという点でも、非常に重要だと考えています。

**【ポイント②】失敗の確率を下げる**

再現性が成功確率であるならば、同時に、失敗の確率が低いという視点で副業を選びましょう。

失敗の確率を下げる要因としては、

「副業に精通しているメンターがいるのか?」

「時代のトレンドにあっているのか?」

「ビジネス自体の仕組みが失敗しやすくないか?」

「実績者が多くいるのか?」

「多少失敗してもリカバリーできるのか?」

このようなポイントを抑えた上で副業に取り組みましょう。

## 【ポイント③】手堅く成長できる

いきなり大きな成功を望まず、一つひとつやるべきことにコツコツ取り組める副業を選ぶのがいいでしょう。副業初心者は、最初から特殊なスキルがありません。0から利益を積み上げていくには、会社員の給料と違い、やったらやった分だけ成果になることを選ぶべきです。最初は少ない時間の中でも着実に成果が出る、そして、やればスキルや実績が積み重なっていくような副業を選択すべきでしょう。

そういった性質を持つ副業のほうがリスクも少なく、取り組みやすいはずです。少しずつ売上を伸ばし、手堅く成長できるかは大切なポイントです。

**【ポイント④】長期的に取り組める**

今後もそのビジネスが残るか、そもそも市場性はあるか、自分の体力的にも続けられるのか、最終的な出口戦略はあるかなど、長期的な視点で考えて、継続的に稼げる副業を選ぶべきです。一過性のビジネスに取り組んでも、そのビジネスが消滅したら意味がありません。またゼロから起業することになり、大変ですし、無駄が多くなってしまいます。ＳＤＧｓ的な視点も大切で〝持続可能な副業〟を選ぶ必要があります。

以上のポイントを抑えるだけでも、副業で成功する確率を一気に高くすることができるでしょう。参考にしてもらえたらうれしいです。

## オススメしない副業11選

私が副業を選ぶ基準は、主に次の3つです。

・自分の力で稼げるか。
・月10万円の収入に早く到達できるか。
・手堅く成長できるか。

どの副業を始めたらいいかを迷う方も多いと思います。

いくつか選択肢はあると思いますが、ここでは、私がオススメしない副業を具体的に紹介し、その理由を簡単に説明します。

### ①プログラミング

プログラミングとは、簡単に言うと、コンピューターのプログラムを作る仕事です。コンピューターに実行してほしい作業の指令をつくるのがプログラマー。その指令を人間の言語に近づけたのがプログラミング言語と言われています。

今後、世の中ではプログラマーがどんどん足りなくなると言われています。よく、手堅い職業として挙げられるのがプログラマーです。

しかし、私はあまりオススメしません。その大きな理由は、プログラミング言語の習得にあまりに時間がかかりすぎるからです。例えばRubyという言語では、独学で約1000時間かかります。1日1時間学習しても、最初に月10万円を稼ぐまでには3年近くかかってしまいます。

そして、プログラマーになれたとしても、仕事を自分で取りに行く必要があります。つまり、営業をかけて仕事を受注するという工程があるのです。技術だけで売上をつくれるわけではないのです。ましてや、プログラミングの会社の社長になるまでは、さらに時間がかかるでしょう。

## ②株・FX・バイナリー

株式投資とは、単純に言えば会社の株を安い価格で購入して、高い価格で売却するか、配当で利益を得る投資です。FXとは、外国為替のことで、例えばドルと円の交換レートが変動するため、その売買で差額を儲ける投資です。

バイナリー（バイナリーオプション）とは、FXの一種であり、もっとルールをシンプルにした投資です。

私はスロプロだったのでわかるのですが、FX・株・バイナリーなどのトレードも簡単ではありません。このような投資を〝裁量投資〟と呼ぶのですが、プロのトレーダーになるためにはまず余裕のある資金、ひたすらトレードと向き合う時間、理不尽な結果にも負けないメンタルと求められるものが非常に高度でたくさんあります。

しかも、短期的な勝ち負けではなく、長期的な結果がすべてです。1週間で100万円利益が出ても、年間トータルマイナスだったら意味はありませんからね。

お金でお金を稼ぐというところはいいのですが、調子の浮き沈みが激しいので、ゆくゆくは本業にすることを考えると、これだけでは危険です。私の知り合いにも全資金を溶かして失った人もいるので、メインの仕事にするのはリスクも大きいと思います。

## ③暗号通貨などの投機

ビットコインなどの暗号通貨も、ギャンブルと言えるでしょう。暗号通貨の種類は、世界に2000種類以上あると言われています。価値が低い暗号通貨を購入し、その後価値が大きく跳ね上がるのを期待する投機です。

もちろん当たれば、資産が1億円を超える「億り人」になれる可能性は秘めていますが、99％はゼロになるか、価値が下がります。

投資の性質上、潤沢な資金がある中で失っても構わないお金でやるのが鉄則ですが、多くの会社員の皆さんは100万円や200万円が余剰資金と呼べるほど軽いお金ではないと思います。

暗号通貨は、競馬やパチンコのように少ないお金を握りしめて行なうものではありません。少ない資金で勝率の低いことをするのは、宝くじを買うようなものです。リスクが大きく、継続性がないので、成功する副業としては、あまり現実的ではないと思います。

**④アルバイト**

建設現場で働く肉体労働系やコンビニなどの時間の切り売りのアルバイトもオススメしません。

その理由は、いくら一生懸命頑張って働いても時給がほんの少し上がるだけで、間違っても収入が10倍になることはないからです。「一時的にキャッシュを稼ぐ」と割り切っている場合ならまだしも、残念ながら終着点が見えています。肉体的、精神的にも厳しく、その日暮らしに近い収入の手に入れ方です。もちろん、将来性もありません。

**⑤ネットワークビジネス**

ネットワークビジネスは、口コミによって商品を広めていくマルチレベルマーケティング（ＭＬＭ）という仕組みを活用したビジネスです。購入者を販売員として勧誘し、販売員になると、さらに別の人を販売員として勧誘するビジネスモデルです。

ピラミッド構造の上になれば、不労所得になると言われていますが、私は地獄への近道だと思います。まず、スタート時に数十万円もする商品購入があります。スタート時だけではなく、新しい商品が出れば、販売のために購入し続けなければなりません。

また、稼ぐためには、自分の力で新しい顧客を獲得し続ける必要があります。これが非常に難しいです。最近ではマッチングアプリや路上で声をかけたりする手法もあるようですが、大きな利益につながるとは到底思えません。スキルのない一般人がやる副業としては難易度が高すぎます。

世間の悪いイメージもあり、友人を失ううえ、結局は労働収入です。最初にスタートした上の人を超えられないので、労働には永久に終わりがありません。

## ⑥不動産投資

不動産投資とは、マンションのワンルームや一棟モノの不動産を購入して、家賃収入（インカムゲイン）を得る投資です。または、売却した際、資産価値が上昇したときの売却益（キャピタルゲイン）を狙う投資です。

よく不動産業者の「節税になりますよ」というセールストークに影響されて、新築区分のワンルームマンションを購入する人が後を絶ちません。ですが、投資としての新築区分ワンルームの購入は絶対にやめましょう。節税効果があるのは初年度のみですし、節税できるのは不動産の収支がマイナスになったときだけです。サラリーマンの税金を不動産投資の赤字で相殺して減らしているのです。よって、新築区分のオーナーになっても、不労所得でメインの収入にすることはできません。

また、近年では新築区分以外の物件購入のハードルがどんどん上がり、物件購入の際に数百万円単位で自己資金が必要になるケースが多いのです。不動産投資に魅力はありますが、そもそも購入できない方が多いのも事実です。

## ⑦クラウドソーシング

クラウドソーシングとは、インターネット上で、不特定多数の人に業務を発注する新しい業務形態です。画像修正やホームページ作成などを格安で頼めるので、近年人気が出てきています。

クラウドワークスやランサーズなどのプラットフォームがあり、フリーで稼いでいる人もいます。ただ、会社員の副業としてやっている人が多く、あまりに安すぎる単価で仕事を受けているため、価格競争に巻き込まれてしまいます。

労働のわりに収入が低く、常に忙しく動くことになり、ザ・労働収入と言ってもいいでしょう。一生続けるのは、体力的にも収入的にも現実的ではありません。

## ⑧データ入力

単純なエクセルのデータ入力などの作業をして、報酬をもらう仕事です。在宅でできる点はいいのですが、結局誰でもできてしまう仕事のため、単価が安いのが特徴。結局、アルバイトと同じ時間の切り売りになってしまうのが難点です。

イメージとしては、パソコンでできる内職のような内容です。単価自体が安いことで、やっても、やってもまとまった収入にはなりにくいため、オススメすることができません。

### ⑨ポイントサイト（ポイ活）

ポイントサイトは、会員制のサイトに入会して、案件をこなすことによってポイントを得られるというサービスです。

代表的なものだと、モッピーやA8ネットなどが挙げられます。自己アフィリエイトといった名称などでも呼ばれています。

具体的には、資料請求や保険の相談、クレジットカードの作成などの指定された条件をこなすことによって報酬が得られます。最初はポイントでの報酬付与ですが、それを現金に換えることができるのが大きな特徴です。

クレジットカードの作成案件などは報酬が高く、実際、私も起業前に取り組んだのですが、残念なことに各々の案件は1回だけしか取り組むことができません。副業初心者が最初に取り組むものとしては良いのですが、継続的な副業としては、仕組みとして成り立たないためオススメできません。

## ⑩アフィリエイト

人に商品を紹介して、商品を購入してもらい、その売上の1％などを紹介料として受け取るのがアフィリエイトです。

具体的には、ブログの記事を書いて、美容商品の紹介や宿泊施設の案内などを行ない、そこから商品の申し込みがあれば報酬になるという仕組みです。最初の持ち出しがないため、リスクがないと思って始める方が多いのですが、ビジネスにおいて一番難しい「集客」をしなければなりません。その結果、たくさんのブログの記事を書いたり、魅力的な紹介をつくっていくのに時間がかかります。初報酬を得るまで平均で3～6カ月かかってしまいます。

しかも、初報酬の平均額は3000～5000円です。一度仕組みをつくってしまえば自動化できますが、副業にそぐわないたくさんの時間を使います。

また、Googleのルール（検索のアルゴリズムなど）に大きく影響されるため、ある日突然収入が大きく下がるリスクをはらんでいます。

## ⑪YouTuber

YouTuberとは、動画サイトYouTubeに動画をアップして、再生回数に応じた報酬や、広告収入をもらう職業です。「小学生がなりたい職業ランキング1位」にもなったことがありますが、簡単になれると勘違いしている人も多い職業です。

確かになろうと思えば、すぐにYouTubeに登録して始めることはできますが、職業として稼ぐとなるとまったく別の話です。おもしろい企画を考え続ける必要があり、これはＴＶ番組のプロデューサーや売れっ子放送作家と同じスキルが要求されます。1人の個人がＴＶ番組並みのおもしろい企画を考えて、毎日投稿し、動画編集までこなすのは至難の業でしょう。

例えば、YouTuberのぷろたんさんは、チャンネル登録者数が２００万人を超えてからようやく月２００万円の収入になったそうです。ここまで積み上げるには相当な時間がかかりますし、10万人以上登録者数がいるYouTuberは日本で3000人しかいない狭き門。

正直、年収1億円を超えるよりも、YouTuberとして成功して稼ぐほうがよっぽど難しいと思います。

以上、さまざまな副業を紹介し、それぞれの副業をオススメしない理由をお伝えしました。もちろん、個人的な見解も入っているとは思います。リスクを理解したうえで先に取り上げた副業をやるというのなら、あなたの自由です。これらの副業を始めて、年収1億円を達成できたら、それはそれですばらしいことだと思います。

ここまできて、「じゃあ、オススメの副業は何？」と気になった方もいると思います。これから、私が考えるオススメの副業を紹介し、収入を上げていく方法をお伝えしていくので、安心してくださいね。

## 転売・物販がなぜいいのか

結論から言うと、副業には「転売・物販」がオススメです。その理由は、副業選びの3つの条件を満たしているからです。3つの条件を簡単に説明しましょう。

### 【条件①】最短で月10万円の利益が出せる

先ほどもまずは月10万円を稼ぐことの大切さをお伝えしました。転売・物販の最も良い点は、〝安く仕入れて高く売る〟という単純なビジネスモデルであることです。1000円で仕入れたものを2000円で販売して利益を得るというのは、小学生でもわかります。1000円で仕入れて100円で販売する人はいないでしょう。

経験やスキルに関係なく、販売する商品自体に価値があるため、始めてから結果が出るまでのスピードが圧倒的に速いです。仕入れる商品もいきなり多くの在庫を持つ必要もないので、初期投資のリスクも大きくありません。市場が大きいので、誰でも参入できるため、結果を出しやすい点が特長です。

**【条件②】基本的なスキルが身につく**

転売・物販では商品を販売する〝モノ売り〟のスキルがつきます。

「商品を販売する際にどうやったら検索上位に上がるのか？」

「より魅力的なタイトルや説明文の付け方は何か？」

「よりきれいに見える写真はどう撮ったら良いのか？」

「より高い値段で売るためにはどんな工夫が必要なのか？」

このようにフリマアプリなど簡単に操作できるところから、顧客心理を考えることを学んでいきます。

そのため、どのビジネスでも使えるマーケティングスキルや、ビジネスの基本的なスキルを学ぶことができます。

## 【条件③】事業拡大ができる

転売・物販で売上を増やした後は、そのやり方を教えるコンサル業やスクール事業を仕事にすることもできます。まさに私がやっている事業がこれです。

また、転売・物販事業だけでも大きく飛躍することができます。出品や仕入れをパートナーに任せて行なう物販のオーナー業に回ることが可能です。実際、私は自分の会社で商品を仕入れて50名ほどのパートナーに販売を外注しています。フリマアプリだけで月の売上は１０００万円を超えています。Amazonの売上も含めると月３０００万円以上の売上まで成長しました。

このように、１つの転売・物販から派生して、事業拡大ができる出口があることはものすごく大切だと思います。

以上のように、まさにリスクが少なく事業拡大できる点が、転売・物販の大きな魅力と言えるでしょう。

## どんな物販がオススメか？――最もオススメは「メルカリ転売」

数ある転売・物販の中でも、最もオススメするのがメルカリ転売です。

まず、EC市場全体が大きく成長しています。2010年は7兆7880億円だった市場が2020年には19兆2779億円まで拡大しています。わずか10年で2倍以上まで成長しているのです。そして、2020年以降もコロナウイルスの蔓延《まんえん》で、ますますEC市場は拡大が加速しています。

さらに、「C to CのECチャネル」（消費者が消費者に販売できるサイト）の市場が近年どんどん拡大しています。メルカリのようなフリマアプリの市場規模は、2016年の3052億円から2018年には6392億円と、2年で倍増しています。

その中でもメルカリは群を抜いています。国内で8000万ダウンロード、全世界で1億ダウンロードを超えて、どんどん成長している市場だからです。累計取引件数は5億件を突破しました。転売をするうえでは、このプラットフォームを絶対に活用するべきだと思います。

メルカリの良い点は、まず使いやすくて簡単なところです。出品や取引に難しさを感じることがありません。初心者でも簡単に参入することができます。

そして、タイムライン型といって出品した順番で商品が上位表示されるため、広告費がかかったり、難解なＳＥＯ対策の必要がありません。初心者でも結果を出せるチャンスがあります。

これに対して、Amazonや楽天では、初心者が参入するのが難しい現状があります。新しい商品を販売したときに、広告費がかかったり、ＳＥＯ対策の知識が必要であったりと、メルカリと比べると難易度が非常に高いです。アカウント自体を作成するのも有料で、維持費がかかったり、審査が厳しかったりもします。

他のプラットフォームと比べても、メルカリの参入のしやすさは圧倒的に優位です。初心者でも勝ち残れる市場と言えます。そのため、初心者が副業として始めるのにベストなのがメルカリです。

このように、メルカリは市場規模が拡大しており、初心者でも参入障壁が低いため、ビジネスとして始めるには最適と言えます。

## 何を仕入れるのか?

詳しいメルカリ転売のやり方を知りたい方は、拙著『初月から10万円を稼ぐメルカリ転売術』（総合法令出版）に詳しく書いたので、読んでいただけたらと思います。

本書では、簡単に仕入れの話の基本中の基本だけを紹介したいと思います。

メルカリ転売においては、仕入れが一番肝心な部分です。

ポイントは、まずは不用品の販売から始めてメルカリに慣れるのが良いでしょう。

次に店舗やサイトを駆使して継続的な販売をしていきましょう。

出品できるものについて、詳しく説明したいと思います。

## ◎不用品

不用品とは、家にある、まだ使っていない商品です。買ったけれど、結局使わなかったものをメルカリに出品するのも手です。この場合、仕入れ代金がかからず、売れたらすべてが利益になります。服や化粧品、雑貨など、なるべく状態の良いもの、人がほしいと思えるような需要のある商品を販売してみましょう。

まずはメルカリで自分の売りたい不用品の商品名で検索してみましょう。次に〝売り切れ検索〟をかけることによって、過去いくらで売れたかを見ることができます。そこでだいたいの商品の相場がわかるので、値付けをしていきましょう。売り切れ検索で見つけたページを参考に、写真やタイトルや商品説明文を作成することをオススメします。

## ◎中国輸入

中国の1688、タオバオ、アーリーエクスプレスといったサイトから新品の商品を輸入してメルカリで販売する方法です。

実はメルカリでも中国輸入商品はたくさん売られています。世界の工場と呼ばれる中国の商品は、高品質で非常に安価です。輸入というと大袈裟に聞こえて難しそうに思いがちですが、中国語ができなくても大丈夫ですし、意外とハードルは低いです。代行業者と呼ばれる業者に商品を発注することで日本語のみで対応可能となり、簡単に商品を輸入することができます。

### ◎アパレル・古着

リサイクルショップなどの店舗やインターネットで仕入れたアパレル・古着をメルカリで販売する方法です。主に中古で状態の良い商品を取り扱うことになります。

メルカリの市場は、〝良い状態の良い商品をより安く〟というユーザーが多いので、アパレル・古着の仕入れは、メルカリの市場と非常に合致しています。

仕入れのポイントとしては、ナイキやアディダスといった認知度のある有名なブランドやメーカーの商品を安く仕入れます。大きめのサイズや変わったデザインが好まれる傾向にあり、うまくいけば1点で1万円以上の利益を出すことも可能です。

### ◎靴・スニーカー

アパレル・古着と同様に、リサイクルショップやインターネットで仕入れを行ない、メルカリで販売します。

靴やスニーカーも、メルカリでは人気のカテゴリーで需要があります。男性用のビジネスシューズである革靴や女性用のパンプス、ブーツやサンダルなど、靴は全般的に売れやすい傾向にあります。靴やスニーカーに関しても、知名度のある商品をいかに安く仕入れるか、また状態の見極めがポイントになってきます。

意外と店舗ではプラダやフェラガモなどの有名ブランドの靴が安価で並んでいることもあるので、気になる方は仕事帰りにリサイクルショップを覗いてみても良いかもしれません。

他にも、さまざまな商品がありますが、とにかくコストがかからず仕入れることができる商品を、相場を見ながらできるだけ高く販売することがポイントです。まず、最初の1円でもキャッシュをつくり出すことから始めましょう。

## リスクとデメリット

ここでは、メルカリ転売におけるリスクとデメリットについて触れておきます。あらかじめ、失敗する可能性のあるポイントをわかっていることは大切です。うまくいかなくなったときの対処法や原因に気づくことができるからです。

それでは、1つずつ見ていきましょう。

**◎資金面**

資金面で気をつける点は、いきなり大きな仕入れをしないことです。

高額な商品の仕入れやスキルに合わない多量の仕入れなどは、初心者がやりがちです。焦って売上を上げようとすると、一気に大量に商品を仕入れたくなります。

しかし、そこはグッとこらえて、在庫リスクも考慮して少しずつ商品を仕入れて売上を上げていきます。

まずは、少額から利益を積み重ねることを意識してください。

そして、資金繰りには十分気をつけてください。クレジットカードで仕入れをする際には、特に注意が必要です。クレジットカードを使う場合、仕入れた商品の支払いが遅れてやってきます。

初心者でよくやる失敗は、「支払いが先だから、それまでに利益は出るだろう」と安直な考えで仕入れをしてしまいます。そして、支払日には現金が間に合わずに困ってしまいます。

クレジットカードは、魔法のカードではありません。自分の手元資金との状況と相談しながら仕入れましょう。くれぐれも、現金をすべて使ってしまわないように、キャッシュアウトに気をつけてください。

**◎時間面**

副業でやる場合は、日常での無駄時間を省いて、時間をつくり出す必要があります。

スマホやテレビやゲーム、LINEの時間を削ることから始めましょう。

あらかじめスケジュールに副業の時間を見える化して確保する必要があります。目安として1日あたり2～3時間は欲しいところです。

メルカリでは出品、購入者とのやりとり、包装・発送、管理業務などが必要になります。最初は不慣れなため、時間もそれなりにかかってくるでしょう。慣れればどんどん作業は効率化され、時間もかからなくなってくるのですが、最初は我慢が重要です。金銭的リターンを得るためには、それ相応の時間を使わなければなりません。

## ◎マインド面

副業を継続する際には、マインド面の維持が重要となります。どんなに良いノウハウや仕入れがあっても、それを実践できるだけの思考と行動がないと、結果は絶対に出ることはありません。

会社から疲れて帰った後に作業をするのは、大変なことだと思います。事実、私も副業で取り組んでいたときは、気持ちを保つのに必死でした。

マインドを保つのには、いくつかのポイントがあります。

1つ目は、高い目標を持つこと。家族のためや自分の夢のため、何かを失いたくない気持ちを持つと、自然と気持ちは継続していきます。

次のポイントは、仲間を作ること。1人で孤独に作業をするのは、本当につらいものです。自分だけでビジネスがうまくいくかというと、そういうわけでもありません。仲間と触れ合ったり、情報交換をすることで、自然とやる気がみなぎってきます。高い志を持った仲間がいる環境に身を置くことをオススメします。

以上、メルカリ転売におけるリスクやデメリットに関して簡単に説明しました。

ビジネスは、攻めだけではなく、守りも抑えておくことが大切になります。売上を上げるだけではなく、総合的にビジネスの力をつける正しい副業のやり方を、今のうちから覚えていきましょう。

## 第4章のまとめ

・まずは副業で月10万円を目指すことが大切。
・副業でうまくいくポイントは、①再現性の高さ、②失敗の確率を下げる、③手堅く成長する、④長期的に取り組めること。
・副業をスタートする前に、それぞれの副業のメリット、デメリットを押さえておくことが重要。
・一番オススメの副業は、メルカリ転売。理由は、最短で月10万円稼げる、ビジネススキルが身につく、事業拡大できる点が優れている。そして、市場性が今後も拡大できるため、長期的に取り組める。
・副業をスタートする前には、必ずリスクとデメリットを押さえておく。

# 第5章

# 年収を10倍にする方法

## ——チームづくりとマネジメント

## 最短で1億円稼げるロードマップ

メルカリ転売からスタートし、事業を拡大していくことで、年収1億円を稼ぐことができます。本章では、ゼロから年収1億円までのロードマップを考えてみたいと思います。

私は、順番として〈0→1→100→300→1000〉のステップで事業拡大をしてきました。これだけではわからないと思いますので、イメージを持ってもらうため、大まかな流れを説明したいと思います。

究極的かつシンプルに言うと、メルカリ転売で結果を出し、その稼ぎ方を人に教えて結果を出してもらい、今度はその人たちを育成してマネジメントするだけです。

### ◎ステップ1

まず、〈0→1〉のプロセスは、自分がプレイヤーとしてメルカリ転売で実績を出します。

先述しましたが、スタート時は月10万円の利益を目標にします。これが最初の〈1〉をつくることになります。とにかくまずは、自分一人の力で0から10万円の利益を出す経験を積みましょう。会社で言えば、新入社員が最初の仕事を覚えるイメージです。

### ◎ステップ2

次の〈1→100〉のプロセスは、自分がメルカリで稼いだ方法をSNSで情報発信をして、コンテンツを販売します。コンテンツの内容は、メルカリで稼げる方法です。仕入れ先や販売の仕方など、初心者がメルカリで稼ぐ方法というのは世の中に非常に需要があります。

ただ、最初から自分で動画やPDFといったコンテンツを作成するのは非常に難易度が高いです。その対策として、自分が学んだコンテンツをその人の代わりに販売するのがオススメです。すでに世の中に需要のある商品を販売することがリスクを最小限にして稼げる方法の王道です。このステップで100万円稼ぐことを目標にしましょう。

**◎ステップ3**

〈100→300〉のプロセスは、人を集めてチームをつくります。会社でいう「部署」をつくるイメージです。

〈1→100〉のときに情報発信をしてコンテンツを提供することで、人を集めたと思います。その中から、自分の考えに共感してくれる人や一緒に働きたいと思っている人に、自分がやってきた情報発信を教えるのです。

今までは1人で情報発信、つまり、1人で集客していたのが、チームで集客することになります。あなたが100の力があるとして6人が自分の50%の成果を出せば50×6で300の成果につながるわけです。自分が経験してきたことを一緒に働くメンバーに教え、さらに人を集めて事業を拡大していきます。

### ◎ステップ4

最後の〈300→1000〉のプロセスで、年収1億円に到達します。

〈100→300〉のステップで1つのチームを成功させたと思います。次は、そのチームを複数持つのです。300のチームが5〜10チームあれば1億円に到達します。

今までは1つの商品を1つのチームで販売していたと思いますが、5〜10のチームでは、各々別の商品を販売します。ですので、違う商品の開発やメンバー集めが重要になります。会社で言うと、5〜10の事業部があるようなイメージです。

このプロセスでは、まず5〜10名の信頼できる仲間とその下で仕事をしたい仲間集め、人材の育成とマネジメントが重要になってきます。

以上、ものすごく簡単ですが、ゼロから年収1億円を稼ぐまでのロードマップを紹介しました。このように、プレイヤー側からマネジメント側に移行することにより、会社の売上とともに自分の収入も自然と増えてくるのです。もちろん、その分、責任は大きくなりますが、自分とまわりのメンバーを成長させながら、楽しく仕事をすることがコツです。

少しは年収1億円までのイメージができたでしょうか？

次から、各プロセスの具体的な方法や重要なポイントを説明していきます。

## 【ステップ1】〈0→1〉のつくり方

### ◎1人会社の1人社長から始めよう――社員はいらない

まず、メルカリ転売で稼ぐことから始めます。副業から始めて、波に乗れば起業して1人で稼ぐ力を身につけることがすべてのスタートです。

なぜならば、その後、稼ぐ方法を人に教えるビジネスも展開できるからです。

私は比較的早い段階で脱サラしましたが、皆さんは着実に成果を出してからで良いと思います。見切り発車の脱サラにはリスクも伴うため、まずは副業で力をつけていきましょう。

副業や起業というと、オフィスを賃貸したり、社員を雇ったりするイメージを持っている人が多いですが、その必要はまったくありません。メルカリ転売の性質上、最初からそのような初期投資は必要ないですし、起業や副業の成功の秘訣として、極力初期コストとランニングコストを抑えることが大切です。

メルカリ転売する際も、仕入れコストを減らす意識を持つことが成功のカギになります。

なぜなら、特に起業や副業のスタート時には、自由に使えるキャッシュがほとんどないからです。最初は利益を生み出して、キャッシュを手に入れることに集中します。

私の場合、30歳のときにサラリーマンの副業でスタートしました。1カ月の休みは1日しかなく、年収300万円のブラック企業に勤務する社畜サラリーマン。当時は、会社から脱出するために必死でした。まずはなんとか自分1人の力で稼ぐことを身につけるため、とにかく寝る時間を削って死に物狂いでメルカリに取り組んだ結果、10日で5万円の利益を出すことができました。それが後述する、脱サラや脱サラ初月14万円の利益につながっていくのです。

## ◎人間関係に悩まない、PC1台でできる仕事

インターネット起業の良さは、嫌いな上司の下で働く必要もないし、PC1台で自宅やカフェなどで働けるため、場所を選ばないことです。そして、ある意味ゼロからキャッシュを生み出せるという大きなメリットがあります。

特に、メルカリ転売に限ったことではありませんが、インターネット起業には4つのメリットがあると考えています。1つずつ説明していきましょう。

**【メリット1】時代のトレンドに乗っている**……今の時代、インターネットを活用しないビジネスは厳しくなっています。現在は、トレンドというよりも、インターネットを使うのが当たり前という感覚。コロナ禍になり、さらにオンライン化が進んでいると感じます。

**【メリット2】参入障壁が低い**……リアル店舗のように多くの初期コストがかからない点も、大きなメリットです。アイデア1つあれば誰でも参入できるという特長があります。

**【メリット3】利益率が高い**……通常のビジネスと比較して、経費がほとんどかからないため、利益率が高いという特長があります。

**【メリット4】再現性が高い**……誰かがうまくいった方法を同じようにやれば、成功する可能性が高くなります。リアルビジネスは、立地などの要素が影響しますが、インターネットを活用すれば関係ありません。いつ誰がどこでやっても同じように成功し、それを繰り返し継続することができます。

当時、この事実に気づいたとき、お金がなかった私にはピッタリだと感じました。初期コストも抑えてスタートできるにもかかわらず、売上の上限がない。私は、無限の可能性を感じてスタートすることにしたのです。

そして、これからの時代は、リアル店舗で現物の商品を売るビジネスはますます苦しくなってくると思います。現物の商品に加えて、目に見えないサービス、知識や経験なども一緒に販売することが必須になってくるでしょう。これは大きな時代の流れであり、大企業もコロナ禍によって、今までよりも本気でインターネットを活用し始めています。私が始めた頃は、インターネットを怪しいと言う人がいましたが、時代も大きく変わりました。間違いなく言えることは、インターネットは、これからのビジネスに欠かせない要素だということです。

## 【ステップ2】〈1→100〉のつくり方

### ◎「誰かの悩みを解決する」ビジネスモデルをつくる

メルカリ転売で0→1をつくった後は、メルカリを教える・伝える側になって1→100を実現します。実際私もこの方法で、脱サラ初月114万円の利益を達成しました。

まずポイントとなるのが〝誰かの悩みを解決する〟サービスを商品にすることです。私が言っているコンテンツ販売が、まさに誰かの悩みを解決するサービスなのです。

それでは、詳しく説明していきましょう。

そもそも、私は、すべてのビジネスとは人の悩みを解決する手段だと捉えています。

そして、一番ニーズがあるのは、お金の悩みです。

例えば、月100万円以上稼げるスキルは、ほとんどの人が知りたいと思うでしょう。お金を払ってでも月100万円以上稼ぐ方法を知りたい方はたくさんいると思います。

当時、会社員の私がまさにそうでした。お金を払ってでも稼ぎ方を知って、この現状から抜け出したいと思っていました。そして、インターネットを使うことでその稼ぐ方法を動画やPDFなどで伝えることができます。

いちいち教室や人に会って教わるよりも、圧倒的に効率が良いからです。

住んでいる地域なども関係ありません。ネット回線とパソコンやスマホがあれば、誰でも視聴して学ぶことができます。

そういった理由から、私の会社では副業で成果をあげたい皆さんの需要からオンラインを使ったメルカリ転売のコミュニティ（ビジネススクール）を開催しています。

すでに入会者は累計1万名をゆうに超えているのですが、年々売上は上がっていきます。需要と共有が非常にマッチしている状況です。

そこで1→100をつくるときには、このようにインターネットを使って、メルカリの副業で成功する方法をコンテンツとして扱うことが成功に近づきます。

ただ、自分自身で1から動画やPDFを作成するのは非常に困難です。また特殊な仕入れ先なども持っていないと思います。

ですので、すでにある完成された商品を扱うことが重要となります。すでに完成された動画やノウハウ、教え方を代理店という形で扱えば、自分は商品に対する開発コストも時間もリスクもかけずに利益を得ることができます。

ビジネス

ただ、ここで問題となるのが、見込み顧客をどうやって獲得するか、です。

↓集客×営業×商品＝売上

売上をつくろうと思うと、まずはお客さん集めをすることが必要です。商品は代理店で人の商品を扱う。集客と営業だけを自分がやれば、利益は得られます。

そこで集客方法として有効なのが、SNSを使った情報発信です。

### ◎SNSを使った情報発信

ビジネスでは集客が最も重要であり、SNSを使って情報発信をすることが有効です。今は大手企業が参入するほどにSNSの需要が高まっています。国税庁もYouTubeのチャンネルを出していますし、国土交通省もTwitterで情報を発信しています。

つまり、SNSを使った集客は、時代のトレンドとマッチしており、集客で最も有効な手段の1つということができます。

代表的な例としては、YouTube、Twitter、Instagram、TikTok、Facebookなどが挙げられます。どれも無料でアカウントを開設できて、効果性が非常に高いです。

まず皆さんは、メルカリ転売で月10万円以上の利益を出したら、その成功した秘訣や仕入れ先の情報、無料で視聴者が有益な情報を受け取れるような発信・投稿を行ないます。

例えば、私の場合はYouTubeでメルカリ転売での稼ぎ方や成功マインドなどの情報発信をしています。そこで実際に興味を持った方が個別に問い合わせをしてくるのです。ただ、問い合わせと言っても、ダイレクトメッセージでは気軽さもないため、公式ＬＩＮＥというビジネス用のＬＩＮＥの問い合わせ先をつくって、リンクをYouTubeなどのＳＮＳに記載しておきます。公式ＬＩＮＥは、ＬＩＮＥで登録とやりとりが可能なため、視聴者からしても気軽に問い合わせができるからです。

そこで「お金を出してもメルカリを学びたい」という方にメルカリのコンテンツの案内をする形になります。

基本的には、商品の説明はＬＩＮＥ通話で行ないます。商品に対しての詳細な説明やその人に商品のニーズがあるのかを正しく精査するためですね。

私が脱サラ１カ月目で１１４万円の利益を出したときは、YouTubeやFacebookに投稿して30名以上の方から問い合わせが来て、結果11名の方にメルカリのコンテンツを提供。その対価として収益をあげた形になります。

つまり、皆さんが１→１００を達成するためには、

①メルカリで実績をあげる

②その実績を元にＳＮＳでの投稿を行ない、見込み顧客を獲得する
③見込み顧客に対してメルカリのコンテンツを提供する

この流れで売り上げをつくっていくのです。

## ◎知識や経験＝利益率が限りなく100％に近い

メルカリの成功の方法を動画やＰＤＦに収めたコンテンツは、知識や経験を動画やＰＤＦにまとめて販売すると言い換えれます。

知識や経験をコンテンツとして販売することには、大きなメリットがあります。それは、物販や製造メーカーなどとは異なり、利益率が１００％に近いことです。その理由は、実際の現物の商品を販売しないので、仕入れコスト、原材料費、製造コストをほぼゼロにできるから。さらに、店舗の賃料や従業員を雇用するなどの金銭的リスクがないのが特長的です。

ただ、ここで大きな落とし穴があります。

情報発信やコンテンツ販売には大きな魅力があることは間違いないのですが、再現性が低いというデメリットがあることです。

つまり、自分のコンテンツが確実に売れる保証はどこにもありません。

### ◎自分の商品より他人の商品

そこで、先ほども触れましたが、一番良い方法は、自分のコンテンツを作成や販売はせず、すでに売れている他人がつくったコンテンツ商品を販売すること。

そもそも、売れているということは、世の中の需要があるし、価格以上の価値が認められている証拠とも言えます。1から時間的、金銭的なリスクを負わずとも最も勝率の高い方法を選択できるのです。

私の場合も、最初は他人のコンテンツ商品を販売していました。初月114万円の利益をあげたときも、すべて他人の商品を代理店販売した結果です。その積み重ねで会社設立1年目で年商3200万円を達成。自分の商品だけを販売していたら、このような売上には到達しなかったでしょう。

2年目からは、ようやく自分の商品を開発し、売上が10倍以上になり、年商4・3億円になりました。現在は設立7年目で、年商は約50億円近くまで増えています。まずは、他人の商品を売ることで、その商品の良さや同時に足りない点も見えてきます。その経験を元に、自分の商品を徐々に開発していくことが重要です。

最初は、まずキャッシュを稼ぐ必要があるため、確実性のある他人の完成された商品を売ることから始めます。そうすることで、ビジネスのスピードを一気に加速することができます。安定的にキャッシュを稼いでから、落ち着いて余裕を持って自分の商品を開発すればいいのです。

## 【ステップ3】〈100→300〉のつくり方

### ◎チームをつくる

コンテンツ販売で月収100万円以上になったら、今度はチームをつくって売上を上げる段階です。

例えば、自分がやってきたことを人に教えて、同じことをやってもらうだけで、単純計算で売上が10倍になります。実際はそう簡単にはいかないのですが、売上が3倍になるだけでもありがたいことだと考えると、気が楽でしょう。

チームづくりは、会社でいう「部署」をつくるイメージです。ある程度の規模の会社だと、社長の役割、部長の役割、課長の役割、一般社員の役割といったように、それぞれ与えられたポジションに応じて役割分担するのが一般的です。

これを私が考えるビジネスモデルで割り当てると、自分＝部長……事業の責任者、集客者、営業者、商品責任者というようにチームで各々役目を割り当てます。

自分が統括としてチームの舵取りをして、各々を教えていきます。

集客者は、SNSで情報発信をして、見込み顧客を集めます。

営業者は、問い合わせのある見込み顧客に商品の説明をします。

商品責任者は、メルカリのコンテンツを購入してくれた方に対してのサポートを行ないます。

こうやって1人で業務をやるわけでなく、分業してチームで1つの事業をつくり上げることで、売り上げの最大化や事業の効率化を行なっていきます。こうすることでお互いが得意なことや不得意なことを補い合いながら、売り上げを立てていきます。

### ◎人を集めて教育する

チームづくりの仕組みができても、実際の人がいなければ、チームは成り立ちません。自分と一緒に仕事をしてくれる人を探すことが必要になります。

実は、この人材獲得が100→300に到達するための最も重要なポイントになります。

ここで大切なのが、自分がきっかけでメルカリのコンテンツを購入してくれた方の中から、一緒に仕事をしてくれる人を探すことです。

一般的に良い人材を探すことは非常に大変です。大企業も採用コストをとんでもない金額をかけて行なっています。新入社員の採用もマイナビやリクナビに載せるだけで100万円単位でかかってきます。

しかし、私の行なっている事業では、高い志を持った方と一緒に事業を行なう可能性が非常に高いです。なぜかというと、メルカリのコンテンツは、お金を稼いで人生を変えていきたい方が購入をします。その中でもメルカリでしっかり成果を出した上で次のステップに進むために、私たちが行なっている事業を一緒にやりたいと考える方が多数出てくるのです。

そうなると、私の考えに共感してもらっているとわかりますし、価値観が近い方が集まるため、円滑に仕事がしやすくなります。

また、自分が扱う商品の内容も体験者として熟知しているため、ビジネス的にもお互いに win-win な状況が生まれます。

一緒にビジネスを行なう際は、社員などの雇用といった形ではなく、業務委託契約が良いでしょう。業務委託契約だと、ビジネスパートナーとして対等な関係で個人同士の付き合いができます。もちろん、立場の違いはありますが、社員のように制限があったりはしません。本人の自由度を優先させてあげましょう。

一緒に仕事をするときに集客・営業・商品とその人にやってもらいたい役割があると思うのですが、本人の意思を大切にしながらも、話を聞いたあなたがその人の適性を見抜いてあげて長所を伸ばせるような配置をしてあげることが重要です。理由は、人には適性があり、すべての業務をできる人は少ないからです。

こちらで、その人の得意なことを見極めてあげて、業務では得意なことに集中してもらいます。そのほうが、お互いに楽しく仕事できますし、業務効率もアップします。

加えて、事業を先導する立場になると、自分の利益を考えがちですが、チームで仕事をする際は、自分の報酬を削ってでも、人に多く報酬をお支払いしましょう。お金がすべてではないですが、一緒に働いてくれる人の人生が少しでも良くなるように想いを込めて役割に対して適切な報酬をお渡しすることが信頼や尊敬につながっていきます。共に成長して楽しくできるようなチームづくりを目指しましょう。

## 【ステップ4】〈300→1000〉のつくり方

### ◎10のチームをつくる

300→1000では、10のチームをつくることを意識しましょう。

1000→3000で、あなたは1つのチームを成功に導いたはずです。その経験を元にチームを10個つくれば3000→10000は達成することができます。実際は5～10のチームで月1000万円は可能だと思いますが、わかりやすく10のチームと定義します。

10個のチームをつくるために必要なことは、まず1つのチームを取りまとめができる人材です。10人の優秀な人材が必要となります。会社で言うと事業部長のような存在ですね。

では、どんな人に事業部長を任せるのか？

まず思いつくのは、あなたが1つのチームで成功したときのチームメンバーです。あなたがチームのリーダーとして活動したとき、あなたの考えやあなたの行動をずっと見ていたチームメンバーが一番あなたの理解者と言えるでしょう。3000を達成したときのメンバーがまず念頭に立ちます。

ただ、事業のリーダーになるのには適性があります。すべてのメンバーにリーダーの適性があるわけではありません。人との信頼関係、指導力、売り上げをあげる力など、リーダーには多数のスキルが求められます。あなたがやってきたチームづくりを再現できそうにない方にリーダーを任せても、不幸になる可能性が高いです。

ですので、そういったときは課題を与えて、リーダーにするのは控えましょう。ここでは10のチームをつくるというお話をしていますが、何もいきなりリーダーが10名集まることはありません。1人ずつ適性を見て、その人と一緒に働きたいという声が多い人をリーダーにしていきましょう。

リーダーを増やすのに、時間がかかっても構いません。リーダーと一緒に仕事をしたい人が増えるまで待ちましょう。ここまでくると、利益を上げることも重要ですが、一緒に事業をやることで、多くの人が幸せになることを心から願いましょう。それが大きな結果に結びつきます。

### ◎圧倒的なスキルを持つ

0→10→100→300→1000。このステップでは、自分がやってきたことを常に教えることで成果を伸ばしていきました。

1人で利益を出す。利益の出し方を教える。チームのつくり方を教える。すべて自分の経験を生かすことで1000、つまり1億円に到達することができます。

ただ、1000に到達しても、あぐらをかいてはいけません。1000を達成するということは300の人に正しく教える力があるということです。そのためには、1000に見合った圧倒的なスキルを常に磨くことが重要です。

集客力、営業力、商品力、教育力、企画力、マネジメント力、税務、法務、話す力、書く力など、多角的な力が要求されます。

なぜこれらのスキルが必要なのか？

それは、自分が成長することで常にリーダーや一緒に仕事をしてくれている仲間に未来を見せることができるからです。

どこかで頭打ちになるのをわかっていて人は付いてはくれません。ビジネスマンとして、社長として、経営者として、事業の最高責任者として、常に自己研鑽して努力を忘れないのが1000を維持ないし、それ以上の成果を出す秘訣と言えます。

# 人を教育するときのポイント

ここまで簡単に書きましたが、人がかかわっているので、一筋縄ではいかないのが現実です。やはり一番重要になってくるのが人材教育。人を教育する際のポイントを少しだけ紹介しましょう。

人を教育する前の心構えとしては、「自分の100%を教えても、最初相手はそのうちの30%ぐらいしかできないことを知る」ことです。

あなたが成功したやり方は、あなたに合ったものでしかありません。優秀な選手が優秀な監督になるわけではなく、自分でやることと教えることは大きく違います。特にチームで仕事に取り組むとなると、自分の収益にも直結するために、自分の利益や時間のためにできない相手を責めがちです。くれぐれも、自分と同じレベルでできないからといって、相手を頭ごなしに叱ったりしないでください。できない理由は、その人の能力ではなく、あなたの教え方が悪いからなのです。自分に教える力がないと思って何が悪いのかを考えましょう。

そして、自分の利益よりその人の人生を考えてあげてください。最初は教えるのに時間がかかって、あなたの収益が減るのかもしれない、今までより自分のことでできないことがあるのかもしれない。しかし、あなたが教える相手の人生に責任を持って親身に寄り添うことで、その人の人生が変わるきっかけとなります。

教えた先には、想像以上の成果が待っていたり、それ以上の人生の喜びがあります。人は最初から誰しも優秀ではありません。私自身もあなた自身もそうだと思います。自分の基準ではなく、その人の基準になって教えてあげましょう。

そして、一番重要なのが、一緒に働いてくれる人たちとの人間関係です。

例えば、週1回のミーティング開催、個別でのコンサル、食事会、旅行などたくさんの接点を持つことが大切です。特に、オンライン全盛の今だからこそ、一緒に働くメンバーとのリアルの時間はこれまで以上に貴重です。人は人と会うことで影響を受け、考え方や行動や習慣が変わります。共に時間を過ごす中で、自分の発した何気ないひと言が相手に響くこともあります。実際、「森さんのあのひと言で頑張れました」と、私のひと言が大きなモチベーションになったケースもありました。そして、相手の人生の夢を聞きながら、どうやったら夢と事業の両方を達成できるのかといったことも、親身になって相談に乗ります。

さらに、一緒に働いているメンバー同士の交流の場をつくることも忘れてはいけません。

仕事でうまくいかないときなど、お互いに感情をシェアするだけで悩みが解決したり、モチベーションがアップすることもあるからです。

私自身もそうでしたが、事業で成長するためには仲間の存在が必須です。苦楽を共にする仲間と切磋琢磨して事業に取り組むことで気づかないうちに成果につながっていきます。

人間はずっと1人で頑張れるほど強くはありません。いつか頭打ちになったり、成長できなくなってしまいます。みんなが楽しい、頑張ろうと思える環境を提供するのも重要な仕事の1つです。

人材教育する際の落とし穴は、手取り足取り教えすぎることです。経験的にも、過保護や過干渉だとほとんど100％失敗してしまいます。

「ヒントは与えるけど、教えない」という姿勢がベスト。与えられたヒントから自分の頭で考えて勝手に行動したほうが、人間的に強くなれます。長期的には、メンバーが成長できますし、ビジネスとしてもうまく回るからです。

以上のように、組織をつくって教育することで、事業拡大を実現できます。文章にすると、とても簡単に思ってしまいますが、人材教育はとても難しいことでもあります。私自身、日々学びの連続ですが、やりがいを感じて、楽しみながら取り組んでいます。ひと言で言うと、ベンチャー精神を持ったメンバーで大企業的な組織をつくるイメージに近いかもしれません。

# 年収1億円社長の仕事とは？

## ◎そもそもなぜマネジメントが必要なのか？

本章の最後に、「社長の仕事とは何か？」について考えたいと思います。私は、社長の仕事とはリーダー業だと考えています。社長は、会社や事業などの大きな方向性を提示するリーダーであるべきです。

そして、社長の主な仕事はマネジメントだと思います。特に、年収1億円を達成する社長には必須のスキルでしょう。

一方、現在の大企業のビジネスモデルは、社員を大量に採用して、大量に離職することが前提です。新卒の離職率は、大企業や中小企業も含めると、平均30％と言われています。1000人採用して300人辞めるイメージです。残念ながら、あまりにも会社と社員の双方にとって無駄が多いマネジメントと言えるでしょう。

私は、ビジネスには優秀な人材が不可欠だと思います。会社の組織基盤が強固にならないと、新しいプロジェクトに挑戦ができません。一緒に働いているメンバーとの長く太い関係性が、組織全体や自分にとっても大きなプラスにつながります。実際、私は同じメンバーでずっとビジネスをしていますが、売上は上がり続けています。

ここで、マネジメントの定義を明確にしておきましょう。

マネジメントという言葉は、ビジネスシーンでは浸透してきていますが、本当の意味をよくわかっていない人が多いと感じます。

マネジメントとは、ひと言で言うと「管理すること」「経営すること」です。マネジメントの父と呼ばれるドラッカーの定義は、「組織をして成果を上げさせるための道具、機能、機関がマネジメントである」です。この言葉は、『明日を支配するもの21世紀のマネジメント革命』という書籍に書いてあります。そして、マネージャーは、「組織の成果に責任を持つ者」と定義されています。

社長は、組織の成果に責任を持つ必要があります。そして、成果を出すためには、マネジメントが不可欠です。特に、大きな収入を得たい人は、マネジメントは避けて通れないでしょう。私もそうでしたが、最初は誰もマネジメントはやったことがありません。何度も失敗して、トライ＆エラーで少しずつ学んでいくことで、マネジメントスキルが少しずつアップしていきます。

### ◎人材が最重要――人材定着までのサイクル

つくづく思うのが社内でも社外でも一番大切なのは、「人材」です。「人財」という言葉がありますが、本当に人が財産だと日々痛感しています。

仮に、高い品質の商品があったとしても、営業マンが人間的に魅力的でなければ売れません。また、社内でまわりの人とのコミュニケーションが取れない場合、業務上のトラブルが続出します。さらに、自分にまわりのメンバーがついてきてくれるかどうかはとても重要です。

私が経験的に考えた、人材が長く一緒の事業をできるまでのサイクルを紹介します。

**①集める**……人を集めるためには、自分を知ってもらう必要があります。具体的には、自分のやっているビジネスの正しい内容や自分のパーソナルな歴史、また価値観を情

報発信します。情報発信によって来る顧客は、不思議なことに自分と似た人が来ます。なぜならば、発信内容によって何に共感するか、自分との共通点を、顧客は無意識的にでも探すからです。

より質の高い発信や自分だから伝えられる情報を意識して発信をしましょう。そうすることで、より自分と価値観の近い、似ている人が多く来るでしょう。

**②育てる**……人を育てる際には、相手の意志や将来の夢を尊重することが大切です。「自分が行なっている教育が本当に相手を尊重しているか？」を再確認する必要があるでしょう。

もし、相手を尊重していないと感じたら、すぐに臨機応変に教育方法を変えてみてください。先述しましたが、相手の立場に立って教えること、自分よがりにならないことが、人を育てる際のポイントになります。

**③採用する**……チームで一緒に仕事をする際に、採用という概念が生まれます。採用というと、会社への就職へのように聞こえますが、そうではありません。自由な意思の中で一緒に仕事をするかどうかを双方が確認するという意味合いです。

ただ、一緒に仕事をするかの判断は、慎重に行なうべきだと考えています。一緒に長時間過ごすことになり、1人だけではなく、チームとして一緒に仕事をするのがベストなのかと考える必要があるからです。

単に報酬やあなた自身の利益だけでなく、一緒に働く価値や夢や目標への共感を感じてもらえているかどうかをしっかりと確認した上で一緒に働きましょう。

**④定着する**……最後は、定着して長く一緒に働きたいと思われるかです。できれば、お互いにwin-winな関係で、長期的に働くのが理想。長く一緒にいる分、事業にも精通する上にお互いの考えもわかり合えるので、仕事が非常に楽になります。

そのためには、自分の成長や相手の成長が必須となります。

「長期間一緒に働きたいと思われるか？」

「相手の幸せな人生とは何か？」

という自問自答をしながら、働く環境をつくっていくことが大切です。

基本的には、このサイクルの繰り返しで、事業拡大していきます。私は、社長の最重要の仕事は、一緒に楽しく働ける場づくりだと考えています。そのためには、働いているメンバーの意見も聞きながら、柔軟に対応していくことが求められます。

### ◎マネジメントの重要な要素

本章の最後に、「どうしたら一緒に働く人がついてきてくれるか」について、私が考えていることを共有したいと思います。マネジメントにかかわるすべての人のヒントになればうれしいです。

マネジメントで大切な要素は3つあると考えています。順番に説明していきましょう。

**①ファン化**……やはり、当たり前ですが、人として好かれることが大切です。「この人についていきたい」「一緒に仕事をしたい」「一緒に働けて良かった」と思ってもらうのが理想です。そのためには、相手に対する気遣いや本当に求めていることを理解してあげる必要があります。

**②価値観の共有**……自分の価値観を働いているメンバーとシェアしておくことも大切です。食事の場や全体のミーティングで「自分はこういう夢がある」「この目標のために今努力している」「なぜこういうことをしたいのか」といった考えを伝えましょう。

自分の価値観を相手に理解してもらうことで、相手もこちらの行動を「森さんならこうするだろう」と予測して動いてもらえるからです。お互いの価値観を知ることで、仕事がスムーズに進めることができます。

**③未来の創造**……相手が自分では想像できない未来を提案してあげることです。例えば、私は常々100億円の売上計画の話をします。その角度から事業のアドバイスをしてあげると、「この人にはまだ適わない。もっと学ぶことがある」と気づいてくれます。

自分では気づいていない可能性に気づくことで、相手の人生が大きく開く場合もあります。相手の可能性を信じて、現状からは遠く離れた未来を想像してあげることが、相手の新しい人生を創造することにつながります。

マネジメントを実践してきて思うのは、自分にかかわってくれた人すべてが幸せになることが必要だということです。そうしないと、一時的な成功で終わってしまいます。究極的には、自分やまわりの人の幸せな人生をマネジメントすることが、長期的に成功する秘訣だと考えています。

## 第5章のまとめ

・最短で年収1億円稼ぐまでのロードマップを知ることが大切。実際に起業する前に、〈0→1→100→300→1000〉のプロセスをイメージしておくと、ゴールを意識しながら、各プロセスを着実に進めていくことができる。

・〈0→1〉のプロセスは、まずメルカリ転売で自分が月10万円以上稼ぐことを目標にする。

・〈1→100〉のプロセスは、自分の実績をタネにして、他人の商品で売上を立てる。売上が上がってきたら、自分の商品を開発して、ビジネスを加速させる。

・〈100→300〉のプロセスは、チームをつくって教育することで、さらなる売上拡大を実現する。

・〈300→1000〉のプロセスでは、10種類の異なる商品をつくって、商品ごとに10個の事業部を新しくつくる。10人の事業部長と100人の営業マンの人材教育が成功のカギを握っている。

・年収1億円社長の仕事とは、マネジメントである。いかに、一緒に働いている人が長期的に働ける環境をつくれるかに尽きる。人材は人財であり、それ以上に大切なことはない。

# おわりに

ここまで本書をお読みいただき、ありがとうございます。

皆さんは本書を読んで1億円を稼ぐことに対してどう思われましたか？

「自分もやってみよう！」と思われた方もいれば、「とてもじゃないけどできない」と思った方、「あなただからできたんでしょ」と思われた方など、さまざまな感想があるはずです。

ただ、私が皆さんにお伝えしたいのは、「1億円を稼ぐことは可能です。早いか遅いかはあれどもひたむきにビジネスに取り組めばいずれ到達します」ということです。

実際、私の教え子たちでも1億円の水準に到達している方が何名もいます。

ここで少し私の昔話をしましょう。2016年に私が起業したときは〝とにかく月

100万円を稼いで絶対に人生を変えてやる〟という思いで必死にビジネスに取り組みました。

会社も辞め、当時、交友関係のあった方との連絡を取らず、寝る間を惜しんでビジネスをしていました。その結果、脱サラ初月114万円という利益を残すことができたのですが、324万円の自己投資をしていたため、まだまだ借金もある状況。自信はありましたが、まだまだこれからどうなるかの不安のほうが強かったと思います。

ただ、なんとなくですが、〝どうせやるならとことんやろう！〟と思い、いつ到達するかわからないけれど、1億円稼ぐことを目標にしました。そのときは、どうやればいいのかわからないし、なんとなくプロ野球選手になりたいと思うのと同じぐらいの気持ちだったと思います。

ビジネスに取り組むなかで苦難はありましたが、誰よりも量をこなすことで少しずつですが、売上も安定、成長していきました。そして、妻と石川へ旅行に行ったときに〝1億円稼ぐ男にオレはなる〟と砂浜に書いたのを、今でもよく覚えています。

自分の夢や目標を言葉に出す、誰かに約束することは非常に大切で、できるかどうかわかりませんが、よく妻には1億円稼ぐと伝えていました。

僕は根っから仕事が好きなので、24時間仕事のことを考え、失敗し、改善した結果ついに4年目で年間1億円以上を自由に使えるようになりました。

なぜこれが達成できたかというと、本書に書いたとおりの内容ではあるのですが、

①強く思ったこと。
②実際に人の3倍行動したこと。
③自分と人に約束したこと。

この3つが大きかった気がします。

1億はなんとなくでは達成できません。「絶対やってやろう!」と思わないと、手に入らないお金です。逆を言えば、絶対にやってやろうと思って行動し続ければ、手に入るのです。

私は、皆さんにこの「1億円」というお金を夢物語だと思わないでほしいのです。

今からでも、どんなに学歴がなくても、センスがなくても、お金すらなくても、1億円は叶えることができます。

すべては、あなたが一歩踏み出して、勇気を持って行動するかだけなのです。

ただ、そんな思いをお持ちでも誰に相談したらいいかわからない方もたくさんいらっしゃると思います。

この本限定の公式ＬＩＮＥでは、皆さんの相談に個別でお答えできるようにしています。また。公式ＬＩＮＥへ登録してくれた方には、現実的に年収３００万円から１年で年収１０００万円になる限定公開動画をプレゼントしています。これから本気で人生を変えようと思う方は、ぜひ登録してもらえたらと思います。

あなたの目標達成のために、少しでもお役に立てたら、著者としてこれほどうれしいことはありません。

２０２３年４月

森　貞仁

【著者プロフィール】
**森　貞仁（もり・さだまさ）**
株式会社 Myself 代表／経営コンサルタント。
京都出身。立命館大学卒業後、みずほ銀行の内定を蹴ってスロットのプロへ。３年間で1500万円の収益を残す。将来性や社会性を考え27歳で初就職。ところが、ブラック企業に勤めてしまい月休み１回、手取り20万円、サービス残業月200時間という過酷な職場で３年半勤務。20歳で現妻と出会い、年収300万、貯金なし、休みなしでは結婚ができないことから、独立を決意。脱サラ初月114万円の利益を達成する。６期目の年商は従業員なしで27.2億円に到達。副業や起業のコミュニティを多数展開し、累計生徒数１万人以上。教え子で月100万円の達成者は100名以上。YouTube の登録者４万人超。SNS マーケティングやメルカリを使った物販、Amazon での貿易などを得意としており、200名以上のビジネスパートナーと多数の事業を展開している。著書に『あの人の「才能」をトレースする技術』（フォレスト出版）、『初月から10万円を稼ぐメルカリ転売術』『「お金」も「人」もついてくる　すごいコミュニケーション』(以上、総合法令出版)、『わずか２年で月商5000万円になった起業家のスピード仕事術』(秀和システム)がある。

**普通だったあの人が**
**年収 300 万円から年収 1 億円になった方法**

2023 年 6 月 2 日　　初版発行

著　者　森　貞仁
発行者　太田　宏
発行所　フォレスト出版株式会社
〒 162-0824 東京都新宿区揚場町 2-18　白宝ビル 7F
電話　03 - 5229 - 5750（営業）
03 - 5229 - 5757（編集）
URL　http://www.forestpub.co.jp

印刷・製本　日経印刷株式会社

ISBN978-4-86680-229-9　Printed in Japan